Zu Gast in Deiner Wirklichkeit

Peter Michael Bak

Zu Gast in Deiner Wirklichkeit

Empathie als Schlüssel gelungener Kommunikation

Peter Michael Bak
Hochschule Fresenius
Köln
Deutschland

ISBN 978-3-662-48029-8   ISBN 978-3-662-48030-4 (eBook)
DOI 10.1007/978-3-662-48030-4

Die Deutsche Nationalbibliothek verzeichnet diese Publikation in der Deutschen Nationalbibliografie; detaillierte bibliografische Daten sind im Internet über http://dnb.d-nb.de abrufbar.

Springer Spektrum
© Springer-Verlag Berlin Heidelberg 2016
Das Werk einschließlich aller seiner Teile ist urheberrechtlich geschützt. Jede Verwertung, die nicht ausdrücklich vom Urheberrechtsgesetz zugelassen ist, bedarf der vorherigen Zustimmung des Verlags. Das gilt insbesondere für Vervielfältigungen, Bearbeitungen, Übersetzungen, Mikroverfilmungen und die Einspeicherung und Verarbeitung in elektronischen Systemen.
Die Wiedergabe von Gebrauchsnamen, Handelsnamen, Warenbezeichnungen usw. in diesem Werk berechtigt auch ohne besondere Kennzeichnung nicht zu der Annahme, dass solche Namen im Sinne der Warenzeichen- und Markenschutz-Gesetzgebung als frei zu betrachten wären und daher von jedermann benutzt werden dürften.
Der Verlag, die Autoren und die Herausgeber gehen davon aus, dass die Angaben und Informationen in diesem Werk zum Zeitpunkt der Veröffentlichung vollständig und korrekt sind. Weder der Verlag noch die Autoren oder die Herausgeber übernehmen, ausdrücklich oder implizit, Gewähr für den Inhalt des Werkes, etwaige Fehler oder Äußerungen.

Planung: Marion Krämer
Einbandabbildung: © Ölkreidezeichnung von Christel Bak-Stalter aus einer Reihe zu „Gespräch im Gebirg" von Paul Celan

Gedruckt auf säurefreiem und chlorfrei gebleichtem Papier

Springer Berlin Heidelberg ist Teil der Fachverlagsgruppe Springer Science+Business Media
(www.springer.com)

Einführung

Bist du lange genug hinter einem her, lernst du ihn kennen, du lebst sein Leben, es fehlt nur wenig und er wird real für dich. Du versuchst, dich in ihn hineinzuversetzen, so zu denken wir er, und wenn du das schaffst, wirst du auf seltsame Weise genauso wie er. Und er wird wie du, aus demselben Grund.
Aus „Frankie Machine" von Don Winslow

Verstehst du mich? Verstehe ich dich? Warum diese Fragen? Gibt es denn Probleme? Im Großen und Ganzen doch sicher nicht. Im Allgemeinen haben wir das Gefühl, andere zu verstehen und selbst verstanden zu werden. Und dennoch, jeder von uns kennt Situationen, in denen es alles andere als einfach ist, jemandem das mitzuteilen, was wir gerade denken oder fühlen. Vielleicht weil das Thema schwierig ist, weil wir uns selbst noch nicht im Klaren darüber sind, was wir sagen wollen, oder auch weil unser Gegenüber nicht richtig zuhört oder nicht versteht, was wir meinen. Dann gelingt es uns einfach nicht, das „rüberzubringen", was wir eigentlich sagen wollen. Manchmal macht uns das nicht viel aus, beispielsweise wenn es Nebensächlichkeiten betrifft. Dann gehen wir darüber hinweg, dass der Angesprochene nicht verstanden hat, was wir sagen wollten. In anderen Fällen dagegen ist es durchaus ärgerlich, wenn wir uns gegenseitig nicht verstehen und dadurch unerwünschte Konsequenzen ausbaden müssen. Oder sei es auch nur, dass es uns ärgert, dass der andere es nicht versteht, was dann durchaus auch im Streit enden kann. Hin und wieder hat es sogar fatale Folgen, wenn die Kommunikation nicht gelingt. So wird etwa im Zusammenhang mit dem Reaktorunfall von Tschernobyl immer wieder von Missverständnissen beim Schichtwechsel berichtet. Kommunikation, das soll damit deutlich werden, ist zwar ein alltägliches Geschehen, aber deswegen noch längst nicht in jeder Situation erfolgreich. Gerade auch in Paarbeziehungen erleben wir die negativen Folgen missglückter Kommunikation wie Streitereien, Vorwürfe oder Enttäuschungen sehr häufig. Es stellt sich also die Frage, unter welchen Bedingungen Kommunikation gelingt und unter welchen nicht, vor allem aber, was und wie wir selbst etwas zu gelingender Kommunikation beitragen können. Ich möchte im Folgenden zunächst darlegen, dass Missverständnisse und Unverständnis darauf zurückzuführen sind, dass sich der Einzelne in kommunikativen Situationen in einer eigenen, von der des Kommunikationspartners ganz unterschiedlichen Welt befindet, die ein Verstehen des anderen oft schwer oder gar unmöglich macht. Jeder von uns erzeugt seine persönliche Wirklichkeit, die häufig mit der seines Gegenübers wenig zu tun hat. Da die eigene Wirklichkeit jedoch festlegt, wie wir die Botschaften des anderen interpretieren, sind Verständnisprobleme vorprogrammiert. Daraus folgt, dass unsere Kommunikation nur dann erfolgreich sein kann, wenn wir in eine gemeinsame Welt mit gleichen Bedeutungen eintreten. Das gelingt in erster Linie über Prozesse der Identifikation, die bei uns zu Empathie führen. Empathie ist ganz allgemein die Gabe, sich in die Gedanken und Gefühle eines anderen hineinzuversetzen. Wenn ich weiß, wie der andere „tickt", was er gerade denkt und fühlt, kann ich ihn auch besser erreichen. Empathie eröffnet uns somit die Chance, zu erleben, was der andere erlebt. Durch Empathie gelingt es mir zu verstehen, wie mein Gegenüber das, was ich sage, interpretiert. Das versetzt mich wiederum in die Lage, so mit dem anderen zu kommunizieren, dass er mit großer Wahrscheinlichkeit auch das versteht, was ich meine. Empathie wird somit zu einer Schlüsselkompetenz für alle unsere sozialen Verhaltensweisen bis hin zu der Begründung ethischer Normen. Denn wenn ich erlebe, was der andere erlebt, bin ich selbst unmittelbar betroffen von meinen eigenen Handlungen, deren Folgen der andere zu spüren bekommt. Mehr noch: Empathie ist, wie ich zeigen werde, nicht nur die Voraussetzung, mein Gegenüber besser zu verstehen und erfolgreicher mit ihm zu kommunizieren, sondern die Möglichkeit, mich selbst mit all meinen Möglichkeiten und Facetten besser kennenzulernen und zu verstehen. Dem anderen mit Empathie zu begegnen heißt, mir selbst offen und vertrauensvoll zu begegnen. Der andere wird damit zum Schlüssel der Selbsterkenntnis.

Ich möchte meine Argumente im Folgenden jedoch nicht allein und nur theoretisch vorbringen, sondern habe mir Unterstützung gesucht und diese in Peter und Lotte gefunden. Die beiden sind schon lange Jahre ein Paar, haben dabei viele Höhen und Tiefen einer Beziehung durchlebt und werden uns im Folgenden immer wieder Einblicke in ihren gemeinsamen Alltag erlauben. Das soll helfen, die inhaltlichen Aussagen zu illustrieren und anhand von konkreten Beispielen besser zu verstehen. Außerdem werden wir Lurx kennenlernen – ein extraterrestrischer Wissenschaftler mit ungeheuren analytischen Fähigkeiten. Lurx befindet sich quasi permanent in einer Metaposition, und dies wird uns helfen, das ein oder andere von dem, was wir hier erklären möchten, noch etwas besser zu verstehen. Das Ziel des Buches wäre erreicht, wenn die hier vorgetragenen Gedanken und Argumente tatsächlich im einen oder anderen Fall die Sicht auf kommunikative Prozesse insgesamt verbessern würden und fruchtbare Anregungen enthielten, sich in Zukunft etwas besser auf unser Gegenüber einzustellen und dadurch Missverständnisse und Konflikte zu vermeiden. Nach jedem Kapitel finden sich daher auch einige Reflexionsfragen, die einen Bezug zu Ihrer eigenen Lebenssituation herstellen sollen und zu denen ich Sie herzlich einlade. Es macht eben doch einen gewaltigen Unterschied, ob man die Dinge nur durchdenkt oder unmittelbar an sich selbst ausprobiert.

Jetzt aber schlage ich vor, dass wir uns auf direktem Weg zu Peter und Lotte begeben. Da passiert nämlich gerade etwas Interessantes, und das wollen wir nicht verpassen!

Inhalt

Einführung V

Inhalt IX

1 Peter und Lotte missverstehen sich 1

2 Die Bedeutung der Botschaft 15

3 Kommunikation und geteilte Bedeutung 25

4 Die Welten von Lotte und Peter 39

5 Die Wirklichkeit als Möglichkeit 49

6 Wissen und Aufmerksamkeit 57

7 Die Wirklichkeit verändern 69

8 Empathie als Tür zur anderen Welt 77

9 „Maschinelle Empathie" 87

10	Mehr oder weniger Empathie	97
11	Soziale Vergleiche und Empathie	105
12	Empathie in digitalen Zeiten	113
13	Empathie und die Grenzen des Handelns	119
14	Ich im Du	125
15	Peter und Lotte gibt's doch	133
16	Epilog	137

Literatur.. 141

1
Peter und Lotte missverstehen sich

Aber wenn wir uns aufmachen, jemanden im Inneren zu verstehen? Ist das eine Reise, die irgendwann an ihr Ende kommt? Ist die Seele ein Ort von Tatsachen? Oder sind die vermeintlichen Tatsachen nur die trügerischen Schatten unserer Geschichten?
Aus „Nachtzug nach Lissabon" von Pascal Mercier

Peter ist gerade zum Bahnhof gefahren, um Lotte abzuholen. Sie war jetzt vier Tage lang beruflich unterwegs und Peter allein zu Hause. So schön es auch war, das Haus einmal ganz für sich zu haben, so sehnsüchtig hat er Lotte erwartet. Er hat zu Hause aufgeräumt und für ein leckeres Abendessen eingekauft. Alles ist vorbereitet für einen schönen Abend. Zur Begrüßung hat er einen Strauß Blumen mitgebracht. Kaum ist er am Bahnsteig angekommen, fährt auch schon Lottes Zug ein. Jetzt sieht er sie weit hinten aussteigen. Strahlend läuft er ihr entgegen: „Mein Schatz, schön, dass du wieder da bist!", sagt Peter, während er Lotte in die Arme schließt. „Ja, Schatz, ich bin auch so froh, wieder hier zu sein", erwidert sie mit einem bezaubernden Lächeln. „Ich habe dich ja so vermisst, Lotte!" „Ich dich auch!" Peter und Lotte herzen sich. „Puh, du kannst dir nicht vorstellen, was das für eine Fahrt war!", beginnt Lotte kopfschüttelnd. „Ja? Warum?" „Fünf Stunden war ich jetzt unterwegs!", seufzt Lotte. Peter nimmt ihr den Koffer aus der Hand und überreicht Lotte den mitgebrachten Blumenstrauß. „Hier, für dich, mein Schatz!" „Ach, die sind aber schön! Du bist

> wirklich so lieb, Peter!" Er nimmt Lottes Hand, gibt ihr einen Kuss und drückt sie fest an sich. „Komm, lass uns gehen, ich hab das Auto im Parkhaus", sagt Peter. Auf dem Weg in Richtung Bahnhofshalle schaut er Lotte von der Seite an und sagt: „Du siehst ganz toll aus!" Sie verzieht daraufhin das Gesicht und antwortet mit sarkastischem Unterton: „Du willst mich wohl auf den Arm nehmen oder was?" „Doch, wirklich!", beteuert Peter nachdrücklich. „Ich sehe gerade alles andere als wunderbar aus!", antwortet Lotte ein bisschen gereizt. „Sei doch nicht gleich so genervt und abweisend! Ich habe doch nur gesagt, dass du super aussiehst!" „Ich bin gar nicht abweisend!" „Doch, bist du wohl!" „Nein, bin ich nicht. Jetzt hör auf damit, lass mich einfach!" Schweigend laufen sie die letzten hundert Meter zum Parkhaus. Peter denkt: Das fängt ja mal wieder gut an. Ich hab mich so auf Lotte gefreut. Muss sie denn gleich so zickig sein? Um einen möglichst neutralen Ton bemüht, sagt er: „Morgen soll es regnen." „Aha", erwidert Lotte. Die gute Stimmung ist verflogen.

Wer kennt solche Situationen nicht. Da sagt man etwas ehrlich und in bester Absicht, will sogar ein Kompliment machen, und der andere reagiert verärgert oder mit Unverständnis. Unser Alltag ist voll von solchen Missverständnissen, die das Leben durchaus lebendig machen, zumal wenn wir – meistens später und mit genügend Abstand zur Situation – darüber lachen können. Häufiger aber reagieren wir enttäuscht, verständnislos oder sogar ärgerlich: „Nie verstehst du, was ich dir sage!", „Warum nur stellst du dich so an?", „Du weißt doch ganz genau, dass…" oder „Verstehst du das etwa nicht?" sind typische Sätze, die wir in solchen Fällen im besten Fall nur denken, manchmal unserem Gesprächspartner aber auch explizit entgegenschleudern. Ganz zu schweigen von den berühmten Blicken, die töten können! Gelungene Kommunikation, da sind wir uns sicher einig, sieht anders aus. Und schlimmer noch: Wenn wir erst einmal meinen, dass unser Gegenüber einfach nicht verstehen will, dann bewerten wir ihn auch noch entsprechend negativ, was sich wiederum auf die Art und die Inhalte unserer Kommunikation auswirkt. Wir behandeln ihn dann womöglich von oben herab, belehren ihn, sind arrogant und selbstgerecht, weisen ihn auf seine Unfähigkeit hin, zeigen unsere Entrüstung oder reagieren ungehalten und schlicht unfreundlich. Beschwert sich der andere dann auch noch deswegen – was an und für sich ja schon eine Frechheit ist, denn wer hat schließlich damit angefangen? –, dann leiten wir unsere Antwort häufig mit Worten ein wie: „Entschuldigung, du hast gerade ziemlich überreagiert. Ich hab doch nur gesagt, dass …". Und so verschlimmern wir das Problem noch mit der Unterstellung, dass der andere offenbar ein Problem hat, die Situation richtig zu verstehen. „Bist du jetzt wirklich so dumm oder tust du nur so?" Dieser oder einen ähnlicher Gedanke mag dem ein oder anderen von uns dann durch den Kopf gehen, wenn er nicht gar explizit ausgesprochen wird. Damit machen wir deutlich, dass wir uns allein im Besitz der Deutungshoheit darüber wähnen, was wirklich gesagt wurde, und erteilen dem anderen Nachhilfe. Das kommt beim Gegenüber in der Regel alles andere als gut an. Die ganze Auseinandersetzung erfolgt unsererseits unter der Prämisse, dass der andere die Situation und das, was gesagt wurde, exakt so zu verstehen hat, wie wir es gemeint bzw. wahrgenommen haben – ein Phänomen, das in der Psychologie auch als *False Consensus Effect* (Effekt des falschen Konsens) bekannt ist. Wir unterstellen anderen gern gleiche Meinungen und Denkweisen, wie wir sie von uns kennen. Zu Unrecht. Denn unsere

Sicht der Dinge ist eben nicht die einzig mögliche. Der andere nimmt die Situation und das Gesagte womöglich ganz anders wahr. Daran denken wir nur im Moment der Auseinandersetzung nicht. Aus solchen, eigentlich banalen Anlässen und Missverständnissen ergeben sich dann häufig regelrechte Endlosschleifen, in denen die negative Reaktion des einen als Einladung auf den anderen wirkt, ebenfalls negativ zu antworten. Wir schaukeln uns gegenseitig hoch und am Ende steht ein handfester Krach, bei dem wir dann häufig gar nicht mehr genau wissen, wie er angefangen hat. Die Stimmung ist dann auf jeden Fall fürs Erste ruiniert.

Bei Lotte und Peter hätte es gar nicht so weit kommen müssen. Beide hätten nur daran denken müssen, dass sie womöglich in der Situation am Bahnhof ganz unterschiedliche Befindlichkeiten, Ziele und Wünsche hatten, die allerdings maßgeblich beeinflussen, was in einer Situation wahrgenommen wird und wie kommunikative Signale zu deuten sind. Botschaften, die wir uns gegenseitig senden, besitzen eben keine festgelegte Definition und Bedeutung, die für alle einsichtig ist, sondern sie sind vielmehr Kommunikationsangebote, über deren Inhalt zwischen den Kommunikationsparteien erst noch Einigung zu erzielen ist. Das gelingt uns in vielen Fällen erstaunlich schnell und gut, in anderen Situationen dagegen überhaupt nicht. Dann missverstehen wir uns. In Paarbeziehungen wie bei Lotte und Peter lösen solche Missverständnisse häufig einen Automatismus aus, an dessen Ende ein handfester Streit steht und den die beiden Streithähne womöglich zwar vorherzusehen in der Lage sind, weil er sich zu bestimmten Gelegenheiten wie ein gut geübtes Ritual wiederholt, die Entwicklung aber irgendwie nicht aufhalten können oder wollen. Mitunter kann das eine Beziehung nachhaltig beeinträchtigen. Aber fragen wir einfach kurz bei Lotte und Peter nach, die solche unnötigen Auseinandersetzungen nur zu gut kennen, oder?

- **Lotte:** „Ja, natürlich kennen wir das!"
- **Peter:** „Sind immer so Kleinigkeiten, völlig überflüssig."
- **Lotte:** „Dann lass es doch einfach."
- **Peter:** „Du fängst doch immer damit an!"
- **PMB:** Wenn ich kurz unterbrechen darf: Erzählt mir lieber von eurem letzten Streit, also nicht von der Sache am Bahnhof, sondern von einer richtigen Auseinandersetzung. Wann war das?
- **Lotte:** „Vor vier Tagen."
- **Peter:** „Ja, stimmt."
- **PMB:** Und worum ging es?
- **Peter:** „Nichts Besonderes. Wir kamen ungefähr zur gleichen Zeit nach Hause. Lotte war kurz vor mir da. Kaum war ich zur Haustür hereingekommen, hatte den Mantel ausgezogen und meine Sache in die Garderobe gehängt, da maßregelte mich Lotte regelrecht, und das übrigens nicht zum ersten Mal, dass ich meine Schuhe nicht ordentlich weggestellt hätte."
- **Lotte:** „Was heißt hier maßregeln? Ich hab nur gefragt, ob du nicht deine Schuhe bitte in den Schrank räumen könntest. Das war alles. Da hast du dich dann gleich tierisch aufgeregt!"
- **Peter:** „Moment, Lotte. Du hast richtig zickig gefragt, ob mir bewusst wäre, dass du immer meine Schuhe aufräumen müsstest. Ich liebe es, wenn Lotte ihre Vorwürfe mit dem Wörtchen ‚immer' garniert. Da platzt mir die Hutschnur, und das erst recht, wenn sie mich auch noch mit diesem speziellen Lotte-Tonfall anmacht. Ich hätte die Schuhe schon noch aufgeräumt! Aber dann, wenn ich das will. Ich war gerade erst nach Hause gekommen, völlig erledigt und wollte erst mal kurz verschnaufen. Das kann man doch verstehen! Warum muss immer alles nach deinem Zeitplan ablaufen?"

- **Lotte**: „Was heißt hier Lotte-Tonfall? Und überhaupt: Du hast doch damit angefangen! Du weißt ganz genau, dass mich das stört. Und übrigens, nicht nur du warst müde, ich hab auch gearbeitet. Immer musst du mir unter die Nase reiben, dass deine Arbeit anstrengender und wichtiger ist als meine!"
- **Peter**: „Das hab ich überhaupt nicht gesagt! Was hat das jetzt damit zu tun? Außerdem stören mich auch viele Sachen! Nur damit du es weißt!"
- **PMB**: Äh, ja, danke, Peter und Lotte! Das reicht fürs Erste. Ich wollte jetzt wirklich nicht, dass ihr euch streitet. Also, nochmals vielen Dank und einen schönen Tag noch! Wir sehen uns ja nachher wieder.
- **Lotte** „Ja, schon gut, bis nachher!"

Lassen wir Lotte und Peter vielleicht an der Stelle besser in Ruhe, bis sich die Gemüter abgekühlt haben. Wir werden ja später wieder auf sie zu sprechen kommen. Eine wichtige Erkenntnis können wir aus dem kurzen Gespräch aber schon mitnehmen. Die Gründe, warum ein Streit beginnt, sind nicht unbedingt immer die, über die man nachher auch diskutiert. Am Ende geht es häufig nur noch darum, wer schuld daran war, dass es überhaupt so weit gekommen ist. Es hagelt gegenseitige Vorwürfe und es wird über einzelne Wörter gestritten, als würde davon etwas abhängen. Gerne werden solche Streitereien dann auch zu einer Generalabrechnung umfunktioniert, bei der man dem anderen endlich einmal alles an den Kopf werfen kann, was einem in der letzten Zeit negativ aufgefallen war. Solche Diskussionen während oder nach einem Streit erinnern häufig an eine Gerichtsverhandlung, bei der die Anklage durch geschickte Beweisführung und Zeugen versucht, die von der Gegenseite vorgebrachten Argumente und Indizien zu entkräften und als Lügen zu entlarven, um den Angeklagten endlich dazu zu bringen, in aller Öffentlichkeit Abbitte für seine schlimmen Taten zu leisten. Es geht dann nur noch ums Rechthaben, um Unterwerfung! Man muss nicht besonders betonen, dass in solchen Situationen die Chancen auf eine verständnisvolle und erfolgreiche Kommunikation eher gering sind. Und auch die etwas entspanntere Variante, die sich hin und wieder in dem Wunsch ausdrückt, doch bitte noch einmal darüber reden zu wollen, klingt zwar nachvollziehbar und vielleicht sogar verlockend, die Realisation dieses Wunsches erweist sich jedoch häufig als kontraproduktiv, denn ohne größeren zeitlichen Abstand kann das den Streit aufs Neue entfachen. Besser wäre es, erst darüber zu sprechen, wenn sich die Gemüter tatsächlich abgekühlt haben. Dann allerdings ist der Konflikt schon wieder so weit weg, dass es einem nicht mehr wichtig genug erscheint bzw. man nicht riskieren möchte, die mittlerweile aufgehellte Stimmung durch das Besprechen eines zurückliegenden Konfliktes zu gefährden. Häufig können wir nach einer Weile auch gar nicht mehr so recht nachvollziehen, wie und warum es eigentlich zum Streit gekommen ist. Und wenn wir ehrlich sind, wollen wir uns auch gar nicht mit dem anderen einigen oder seine Gründe verstehen, sondern sind einfach nur sauer, dass er so reagiert hat. Wir verstehen dann die Welt nicht mehr, uns dagegen umso mehr. Wir baden in Selbstmitleid und haben dafür auch noch vollstes Verständnis. Warum musste der andere auch gleich so barsch reagieren? Ich hab es doch nur gut gemeint! Das kann man doch gar nicht missverstehen! Oder wie war das vorhin am Bahnhof, Peter?

- **PMB**: Als du Lotte am Bahnhof abgeholt hattest, da warst du nachher schon ein bisschen sauer, oder?
- **Peter**: „Ja, klar. Warum verschließt sich Lotte auch immer so, wenn ich ihr etwas Nettes sage? Und überhaupt, sie hätte ja auch anders reagieren können!"
- **Lotte**: „Ach Schatz, ich verschließe mich doch nicht, ich war einfach müde, hundemüde. Natürlich hab ich mich total über dich und die Blumen gefreut. Du hast es vielleicht nur nicht gesehen."
- **Peter**: „Was soll ich da denn nicht gesehen haben? Ich war einfach enttäuscht, weil ich mich so auf dich gefreut hatte!"

Das ist ganz typisch: Wenn der andere nicht so reagiert, wie wir das erwartet haben, dann erleben wir dies häufig als Enttäuschung oder persönlichen Angriff und gehen entsprechend in Verteidigungsstellung oder sogar zum Gegenangriff über. Der milde stimmende Gedanke, dass der andere uns vielleicht gar nicht absichtlich ärgern oder treffen wollte, stellt sich leider nur selten ein. Dazu sind wir emotional häufig viel zu sehr involviert. Dennoch, nicht immer führen solche Missverständnisse direkt zum Streit. Wir schauen auch schon einmal großzügig über das Verhalten des anderen hinweg, ignorieren seine Laune oder übersehen „den Angriff" sogar, wie Peter letztens, als Lotte vom Einkaufen nach Hause kam …

Peter sitzt am Esstisch und ist in die Tageszeitung vertieft, als Lotte in die Küche tritt. „Ah, hier bist du!", ruft Lotte. „Ja, hast du mich gesucht?", fragt Peter. „Nein, ich hab nur gedacht, du wärst im Arbeitszimmer", antwortet Lotte und packt die Einkäufe aus. „Und du warst ausnahmsweise mal einkaufen, was?", scherzt Peter. „Ja, ich brauchte dringend eine neue Hose", meint Lotte. „Ach so, stimmt. Du hast ja wirklich kaum

> etwas anzuziehen!", meint Peter süffisant und blickt Lotte eindringlich an. Sie bemerkt das gar nicht und beginnt stattdessen, ihre neue Hose anzuziehen. „Chic, oder?", fragt sie Peter. „Hm", raunzt der zurück.

Eigentlich hat Peter seine Frage ironisch gemeint. Seiner Meinung nach geht Lotte viel zu häufig einkaufen. Sie hat doch schon den ganzen Schrank voller Kleider. Lotte dagegen hat Peters Frage als reine Auskunftsfrage verstanden. Im Übrigen ist Lotte ganz und gar nicht der Auffassung, dass sie genug zum Anziehen hat, im Gegenteil: Peter solle sich nur mal ansehen, was andere Frauen alles haben ...

Obwohl Peter merkte, dass Lotte seine Ironie überhört hatte, ging er nicht weiter darauf ein. Es war ihm offenbar gerade nicht wichtig genug. Warum aus jeder Lappalie eine Auseinandersetzung machen?! Und dann gibt es sogar Situationen, in denen wir Verständnis für den anderen und dessen aus unserer Sicht völlig unpassendes Verhalten zeigen, wenn wir beispielsweise nachvollziehen können, warum der andere gerade so reagiert, etwa weil er einen anstrengenden Tag hinter sich gebracht hat oder weil wir merken, dass er nicht „gut drauf" ist. In solchen Fällen erleben wir dann das, was der andere sagt, weniger als einen Angriff auf uns, sondern eher als Ausdruck seiner gegenwärtigen Laune und Lage. Wir haben Verständnis, interpretieren seine Botschaft entsprechend großzügig und nicht so wortwörtlich wie sonst. Wir stehen regelrecht über der Sache, können das Verhalten des anderen reflektieren und sind emotional nicht so betroffen.

Aber kommen wir nochmals zu der Bahnhofsszene zurück. Was passierte da eigentlich genau, dass Peter und

Lotte aneinander vorbeiredeten und es dann zum Streit kam? Beide hatten sich aufeinander gefreut, eigentlich also perfekte Voraussetzungen für ein schönes und liebevolles Wiedersehen. Doch es kam anders. Warum nur? Die einfache Antwort ist, dass sich die beiden Streithähne in der Situation einfach nicht verstanden haben! Die Wörter zwar schon, aber deren Bedeutung nicht bzw. unterschiedlich. Beide haben etwas kommuniziert, was beim anderen nicht gut ankam. Und das lag daran, dass sich jeder in seiner eigenen Welt aufhielt. Um das noch besser zu verstehen, müssen wir uns nur ins Gedächtnis rufen, dass Peter vier Tage allein war und seine Lotte sehr vermisste. Er hatte zu Hause alles für den Empfang vorbereitet und war voller Erwartungen zum Bahnhof gefahren. In seinen Gedanken malte er sich schon aus, wie sie beide aufeinander zugehen und sich umarmen würden. Er dachte schon an ein gemütliches Abendessen und danach, wer weiß … Er hatte sogar Blumen gekauft, eine echte Seltenheit, um Lotte damit zu überraschen. Lotte dagegen hatte Tage harter Arbeit hinter sich, war völlig erschöpft und fühlte sich durch die lange Zugfahrt ganz „zerknautscht". Ihr sehnsüchtigster Wunsch war eine Dusche, etwas Ordentliches zu essen und dann am besten direkt ins Bett – wenig reden, Decke über den Kopf und lange schlafen. Als Lotte sich dann beim Wiedersehen und der Begrüßung nicht genauso euphorisch zeigte wie Peter und auch noch das Kompliment einfach so wegwischte, verstand Peter die Welt nicht mehr und fühlte sich von Lotte schlecht behandelt. Wie konnte sie nur so negativ auf seine Avancen reagieren? Sie sollte sich doch vielmehr glücklich schätzen, dass er sie auch noch nach so langer Zeit begehrenswert fand und begeistert von ihr war. Und Lotte?

Sie freute sich ebenfalls darauf, heimzukehren, Peter in die Arme zu schließen und in der partnerschaftlichen Sicherheit wieder zu Kräften zu kommen. Wenn man sich noch nicht einmal beim Partner fallen lassen kann, ja wo denn dann? Dass Peter ihr direkt mit dem wirklich absurden Kompliment, sie sähe wunderbar aus, kam, ärgerte sie allerdings wirklich. Denn das stimmte einfach nicht. Sie hatte Ränder unter den Augen, die Frisur war zerzaust und sie hatte das Gefühl, nach Zug und Bahnhof zu riechen. Wenn Peter sein Kompliment wirklich ernst gemeint hat, dann schaut er ja offensichtlich nicht so genau hin, andernfalls hätte er sofort gesehen, dass Lotte gerade alles andere als wunderbar aussah. Und wenn er es nicht ernst gemeint hatte, dann sollte er sich was schämen. Und hinzu kam: Auch wenn sie froh war, wieder bei Peter zu sein, den sie ebenfalls sehr vermisst hatte, konnte sie zu viel Nähe in diesem Moment nicht ertragen. Dazu hatte sie in den letzten Tagen zu viel mit anderen Menschen zu tun gehabt. Am liebsten wäre es ihr gewesen, einfach nur ihre Ruhe zu haben. Und am nächsten Tag hätte es bestimmt wieder ganz anders ausgesehen …

Wenn man sich die Gedanken und Wünsche von Lotte und Peter also genauer betrachtet, können wir feststellen, dass die beiden zu einem Zeitpunkt aufeinander trafen, als sie in ganz unterschiedlicher Verfassung waren und ganz andere Ziele und Bedürfnisse hatten. Aus ihren individuellen Perspektiven waren die Handlungen und Reaktionen am Bahnhof völlig nachvollziehbar, nur eben nicht aus der Perspektive des jeweils anderen. Die darauf folgende Auseinandersetzung war dann nichts anderes als ein Streit über die richtigen Annahmen über die Welt. Denn die Missstimmung bzw. der Streit zwischen Lotte und Peter entzündeten sich ja unter der Prämisse, dass der andere die Dinge doch eigentlich genauso wahrnehmen müsse wie man selbst. Und unter dieser Prämisse ließe sich vielleicht schon sagen, wessen Reaktion nun angemessen war und wessen nicht. Nur ist weder Peter noch Lotte in diesem Moment klar, dass genau diese Prämisse falsch ist. Wenn Auseinandersetzungen dadurch entstehen, dass die Parteien die Lage aus unterschiedlichen Perspektiven betrachten, kann der Streit nicht dadurch gelöst werden, dass „die Wahrheit" ans Licht kommt und dann einer von beiden zugibt, falsch gehandelt zu haben. Denn beide haben aus ihrer Perspektive, in ihrer Welt ganz nachvollziehbar gehandelt und reagiert, und zwar richtig! Der Streit kann im besten Fall als Missverständnis erkannt und aufgelöst werden. Wenn Lotte in Peters Welt gewesen wäre und die Situation aus seinen Augen wahrgenommen hätte, hätte sie womöglich Verständnis für ihn gehabt und anders reagiert. Und umgekehrt hätte Peter nachvollziehen können, dass Lotte sich ganz und gar nicht so fühlte, wie sein Kompliment es ausdrückte. An die Möglichkeit, das Missverständnis durch ein klärendes Gespräch zu lösen, haben die beiden nicht gedacht. Dazu waren sie emotional viel zu stark involviert, als dass ein solches Gespräch zu diesem Zeitpunkt etwas hätte ändern können. Zudem war jeder zu sehr mit sich selbst beschäftigt: Beide in der jeweils eigenen Welt haben aneinander vorbeikommuniziert und sich deshalb nicht verstanden. Schade, denn statt einen für beide Seiten angenehmen Abend zu verleben, schwebte nun das Missverständnis als Streitgespenst zwischen ihnen. Zum Glück war es am nächsten Morgen fast schon wieder vergessen. Nichtsdestotrotz wünschen sich unsere beiden Protagonisten, dass sie solche Konflikte früher erkennen und am besten gar nicht erst entstehen lassen, dass sie einander besser verstehen und ihre Kommunikation für den jeweils anderen verständlicher ist.

- **Peter**: „Na ja, ich fände es schon sehr schön, wenn Lotte mich in manchen Situationen besser verstehen würde. Ich glaube, das wäre schon äußerst hilfreich!"
- **Lotte**: „Mein Lieber, du machst doch immer gleich dicht! Ach, manchmal bist du so empfindlich!"

Ob wir den beiden helfen können, ihre Kommunikation zu verbessern? Wir werden es im weiteren Verlauf sehen. Werfen wir zum besseren Verständnis kommunikativer Prozesse erst einmal einen Blick auf gängige Vorstellungen von Kommunikation und betrachten etwas genauer, unter welchen Umständen unsere Kommunikation gelingt und wann eher nicht.

Reflexion

Gehen Sie in Gedanken Ihre letzten Konflikte durch. In diesen Situationen hat sich sicher bei Ihnen auch schon einmal das Gefühl eingestellt, die Welt nicht mehr zu verstehen, weil sich der andere völlig anders verhält, als Sie das erwartet oder gewünscht hatten. Wie war die Situation für Sie? Wie haben Sie auf den anderen reagiert? Und denken Sie einmal darüber nach, wie der andere womöglich die Situation interpretiert haben könnte. Wie lässt sich seine Reaktion aus seiner Sicht verstehen? Was könnte er von Ihnen erwartet und gewünscht haben? Und wie haben Sie aus seiner Sicht auf ihn reagiert? Fragen Sie sich anschließend, wie Ihre Reaktion hätten aussehen müssen, damit er sich in der von Ihnen gewünschten Weise verhalten hätte.

2
Die Bedeutung der Botschaft

Was ist ein Tisch? Und meine Antwort wäre: Ein Tisch hat vier Beine und einen flachen Deckel, auf den Kinder draufspringen können. Jetzt müssen wir klären, was der Unterschied zwischen einem Tisch, einem Pony und einem Pferd ist. Und schließlich wird es notwendig, über den Unterschied von lebenden Wesen und nicht lebenden Entitäten zu sprechen. Das haben wir nun davon. Für mich hat jede Definition eine grundsätzliche Schwäche: Sie schließt aus, sie begrenzt.
Aus „Wahrheit ist die Erfindung eines Lügners" von Heinz von Förster

> Schon am nächsten Tag war die kurze Missstimmung zwischen Peter und Lotte wieder verflogen. Beide kennen sich ja und wissen, was sie aneinander haben. Am Abend fiel Peter bei der Suche nach einem Buch das Fotoalbum über ihren letzten Sommerurlaub in Griechenland in die Hände. „Schau mal Lotte, weißt du noch?" „Ach ja, das war so toll. Am liebsten würde ich direkt mit dir dorthin zurück! Am besten jetzt! Das war ja so schön!" „Können wir doch machen", sagt Peter grinsend. Lotte schaut erstaunt zu ihm auf. „Lass uns doch nachher zum Griechen gehen und Souvlaki essen, dann sparen wir uns das Kochen und können ein bisschen vom Urlaub träumen!" „Oh ja, gute Idee. Ich habe heute eh keine Lust zu kochen."

Von erfolgreicher Kommunikation sprechen wir im Allgemeinen dann, wenn der andere, dem wir etwas mitteilen möchten, unsere Mitteilung genauso versteht, wie wir sie gemeint haben. Bei alltäglichen Konversationen wie der soeben stattgefundenen zwischen Lotte und Peter gelingt uns das sehr häufig. Versteht der andere dagegen etwas anderes als das, was wir meinten, ist offenbar irgendwo in unserer Kommunikation etwas schiefgelaufen. Schauen wir uns deshalb den Kommunikationsprozess als solchen etwas genauer an.

Klassische Kommunikationsmodelle gehen zunächst einmal davon aus, dass Menschen grundsätzlich dazu in der Lage sind, eindeutige Botschaften zu senden und gesendete Botschaften so zu verstehen, wie sie ausgesendet wurden. Es wird angenommen, dass es auf der einen Seite einen Sender gibt, der eine Botschaft verschlüsselt über ein Medium durch einen Kanal verschickt, und auf der anderen Seite einen Empfänger, der die Botschaft wieder entschlüsselt. Probleme in der Kommunikation können dadurch entstehen, dass bei der Verschlüsselung (Enkodierung) aufseiten des Senders oder bei der Entschlüsselung (Dekodierung) aufseiten des Empfängers oder aber irgendwo dazwischen etwas schiefläuft und es zu Störungen kommt. So kann beispielsweise der Sender die Botschaft undeutlich aussprechen, beim Transport durch den Kanal oder das Trägermedium kann die lückenlose Übertragung der Botschaft beeinträchtigt werden oder der Empfänger kann die Botschaft aufgrund mangelnder Kenntnisse nicht korrekt entschlüsseln. Missverständnisse sind dann dadurch vermeidbar, dass die Botschaft mit dem gleichen Code entschlüsselt wird, wie sie verschlüsselt wurde. Solche Modelle beschreiben die

Kommunikation ganz unabhängig von den Eigenschaften des Senders oder Empfängers. Konstruktivistische Kommunikationskonzepte betrachten Kommunikation dagegen in erster Linie als einen Prozess der Bedeutungsgebung, gehen also von einer grundlegend anderen Prämisse aus, die da lautet: Es gibt keine echte, wahre, eindeutige Botschaft, sondern es gibt stets nur ganz einzigartige Individuen, die aus den inneren wie äußeren Reizen ganz individuelle Bedeutungen konstruieren. Kommunikation ist demnach ohne Berücksichtigung der Eigenschaften von Sender und Empfänger nicht umfassend beschreibbar. Eine Botschaft an und für sich und ohne Berücksichtigung eines interpretierenden Beobachters bzw. Zuhörers gibt es nicht. Oder anders formuliert: Über die Bedeutung einer Botschaft entscheidet immer der Empfänger.

- **Peter:** „Hm, ich weiß nicht, aber das hört sich alles sehr theoretisch an. Wenn ich zu Lotte am Frühstückstisch sage: ‚Gib mir bitte mal die Butter', dann gibt es doch daran nichts herumzuinterpretieren. Dann ist doch völlig klar, was ich damit meine!"
- **PMB:** Ja, das stimmt. In dieser Situation ist es sehr wahrscheinlich, dass Lotte deinen Wunsch richtig versteht und dir nicht die Marmelade reicht.
- **Peter:** „Also, das meine ich doch. Meine Botschaft ist klar und eindeutig und auch jemand anderes würde sie verstehen. Was ich also gesagt habe, hat ganz unabhängig von Lotte die gleiche Bedeutung!"
- **PMB:** Dein Beispiel zeigt nur, dass es durchaus und sogar in vielen Fällen so ist, dass der Empfänger die Botschaft des Senders so versteht, wie dieser sie auch gemeint hat. Das ist jedoch nicht gleichbedeutend damit, dass der Empfänger die Botschaft auch so verstehen muss, wie sie gemeint war. Er kann sie – zumindest prinzipiell – auch anders verstehen.

- **Peter:** „Wie und warum sollte er so eine einfache Aussage falsch verstehen?"
- **PMB:** Na, zum Beispiel wenn bei Lotte das Hören des Wortes „Butter" andere Assoziationen auslöst als bei dir, was zugegebenermaßen zwar unwahrscheinlich, aber nicht unmöglich ist. Die Bedeutung eines Wortes wird durch die dadurch ausgelösten Assoziationen bestimmt. Und welche Assoziationen wir ausgebildet haben, hängt wiederum von unseren Erfahrungen ab. Bei vielen ähnlichen Erfahrungen haben wir auch ähnliche Assoziationen, aber weil die Assoziationen selbst wiederum nur Bedeutung durch weitere Assoziationen erhalten, werden zwei Menschen ihnen nie exakt die gleichen Bedeutungen verleihen können, maximal eben nur sehr ähnliche. Bei einem Wort wie „Butter" wird uns das jedoch kaum weiter auffallen, bei anderen Begriffen dagegen schon eher. Denken wir beispielsweise an „Urlaub" oder „Familie". Hier unterscheiden sich die individuellen Erfahrungen stärker und daher gibt es hier auch größere interindividuelle Unterschiede hinsichtlich ihrer Bedeutung.
- **Peter:** „Hm, da könnte was dran sein, wenn ich so darüber nachdenke. Zum Beispiel haben wir uns am Anfang häufig missverstanden, wenn es um das Thema Familie ging. Wenn ich sagte, meine Familie komme an Weihnachten zu Besuch, dann meinte ich damit eben meine Eltern und meine Schwester. Lotte war immer ganz aufgeregt wegen der vielen Leute, die sie daraufhin erwartete. Denn wenn sie von Familie sprach, dann meinte sie nicht nur ihre Eltern und ihre beiden Geschwister, sondern auch die Tanten und Onkel, Cousinen und die anderen, die früher immer bei Lottes Eltern zu Besuch kamen."
- **PMB:** Ja, genau, das meinte ich. „Familie" hat bei euch beiden zwar viele gemeinsame Bedeutungsbestandteile, aber eben auch ganz unterschiedliche. Wenn ihr dann darüber redet, werden unterschiedliche Konzepte angesprochen.

Der Sender kann also nicht direkt bestimmen, was der Empfänger mit der Botschaft macht, er kann höchstens an den Wahrscheinlichkeiten etwas ändern, mit denen der Empfänger die Botschaft in einer bestimmten Art und Weise versteht. Was sich hier zunächst seltsam anhören mag, ist in anderen Wissensgebieten, beispielsweise der Quantenmechanik, schon längst als akzeptiertes Erklärungsmodell anerkannt. Werfen wir zur Illustration dieses Punktes einen Blick in die Quantenwelt, eine wirklich verrückte Welt voller seltsamer Phänomene. Betrachten wir dazu das berühmte Gedankenexperiment mit Schrödingers Katze. Stellen wir uns dazu folgenden Experimentalaufbau vor: Vor uns befindet sich eine geschlossene Kiste, in der eine Katze sitzt, nennen wir sie „Tiger". Außerdem befindet sich darin noch ein Atomkern, der mit einer bestimmten Wahrscheinlichkeit zerfällt. Geschieht dies, so wird über einen Detektions- und Wirkmechanismus ein Giftgas freigesetzt, an dem Tiger leider sterben wird. Erwin Schrödingers theoretischen Überlegungen zufolge – und vorausgesetzt, die Gesetze der Quantenphysik würden auch im makroskopischen Bereich gelten (was sie nach allem, was wir heute wissen, aber nicht tun) – ist Tiger, solange niemand nachschaut, sowohl tot als auch lebendig. Tiger befindet sich also zeitgleich in beiden Zuständen! Wird die Kiste geöffnet, dann kollabieren die Wahrscheinlichkeitsfunktionen für die Wahrscheinlichkeiten „tot" und „lebendig" und daraus resultiert zufällig einer der beiden spezifischen Zustände. Tiger ist erst dann tot oder lebendig! Das zumindest ist die Auslegung gemäß der sogenannten Kopenhagener Deutung. Allgemein gesprochen wird in der Quantenmechanik davon ausgegangen, dass Naturphänomene prinzipiell unvorhersagbar sind. Es gibt nur Wahrscheinlichkeiten, die sich für Ereignisse angeben lassen. Solange niemand nachsieht, sind alle möglichen Zustände auch möglich. Erst in dem Moment, wenn wir als Beobachter die Szene betreten und nachsehen, fallen die Wahrscheinlichkeitswellen zusammen und die Welt offenbart sich uns in einer bestimmten Ausprägung. Von der Gewissheit einer Sache kann man daher erst dann ausgehen, wenn sie durch einen Beobachter beobachtet wurde, vorher besitzt die Sache nur einen Wahrscheinlichkeitswert. Dies ist, das muss betont werden, keine versponnene Idee, sondern eine ernsthafte physikalische Theorie, die sich empirisch bereits in Teilen bestätigt hat. Konstruktivistisch und für unseren Kommunikationszusammenhang übersetzt könnte man auch sagen, dass ein Ding bzw. eine Sache eben nur dann eine Bedeutung bekommt, wenn es jemand gibt, der dem Ding oder der Sache diese Bedeutung auch zuschreibt. Wahrnehmen ist unter dieser Prämisse also nicht das Erkennen einer wie auch immer gearteten Wirklichkeit, sondern eher im Sinne eines Wahr*gebungs*prozesses zu interpretieren, wie es der bekannte Therapeut Gunther Schmidt einmal formulierte. Unsere Wahrnehmung liefert uns also kein Abbild einer Realität, sondern ist ein aktives Eingreifen in die Welt, indem durch unsere Wahrnehmung den Dingen in und um uns eine bestimmte Bedeutung verliehen wird, die dann als real erlebt wird. Welche Bedeutung das ist, darüber gibt es zwar bestimmte Konventionen, ein für alle Mal und für jede erdenkliche Situation festgelegt ist das jedoch nicht. Wir können theoretisch unendlich viele

Bedeutungen verleihen. Welche das sind, wird in sozialen Zusammenhängen durch unser Verhalten bestimmt. So reagieren wir auf bestimmte Aussagen empört, verbieten sie sogar unseren Kindern und zeigen uns bei anderen wiederum hocherfreut. Wir bilden sozusagen mit unseren sozialen Partnern eine Deutungsgemeinschaft. Darüber hinaus vergeben wir auch noch ganz individuelle Bedeutungen, die sich quasi von der Deutungsgemeinschaft emanzipiert haben und über die wir alleine bestimmen. Eine ausgesandte Nachricht besitzt demnach *a priori* keine festgeschriebene Bedeutung, sondern erlaubt alle möglichen Interpretationen, solange niemand die Nachricht empfängt und in bestimmter Weise interpretiert. Ob die Nachricht so verstanden wird, wie sie ausgesendet wurde, ist nur eine Frage der Wahrscheinlichkeit. Die Grundgesamtheit aller möglichen Nachrichteninterpretationen wird dabei durch die prinzipiellen Interpretationsmöglichkeiten des Beobachters (Empfängers) festgelegt. In dem Moment, wenn der Empfänger eine Nachricht erhält, gibt er ihr eine(!) Bedeutung aus der Menge der überhaupt möglichen Bedeutungen, die er vergeben kann. Ob die Kommunikation zwischen dem Sender und dem Empfänger dann zum Erfolg wird, hängt von der Wahl der Interpretationsmöglichkeit durch den Empfänger ab. Und bei den prinzipiell unendlich vielen Interpretationsmöglichkeiten ist das verständlicherweise gar nicht so einfach. Erst recht nicht, wenn man sich ein Gespräch vorstellt, in dem permanent auf mehreren Kanälen Nachrichten hin- und hergeschickt werden. Das bietet jede Menge Stoff für prächtige Missverständnisse, so wie wir sie jetzt bei Lotte und Peter beobachten können.

> Peter und Lotte waren gerade im Kino. „Wollen wir noch etwas trinken gehen?", fragt Peter. „Ja. Lass uns doch ins ‚Amandla' gehen." Während beide in die entsprechende Richtung schlendern, fragt Peter: „Und wie hat dir der Film gefallen?" „Na ja, war halt das Übliche. Und dir?" „Och, na ja, die Geschichte war ziemlich an den Haaren herbeigezogen, aber die Hauptdarstellerin, die fand ich schon ziemlich gut." „Jaja, die Hautdarstellerin! Das hab ich mir ja schon gedacht. Ganz dein Typ, was!?" „Stimmt doch gar nicht!" „Sie bekommt bestimmt mal einen Oscar für die auffälligste Schönheitsoperation in der Geschichte Hollywoods! Und auf so was stehst du?" „Ach Schatz, ich fand sie einfach sympathisch in der Rolle, das ist alles." „Tut mir leid, ich bin leider nicht blond, damit musst du dich abfinden!" „Aber du gefällst mir doch auch!" „Du Blödmann!"

Es ist wirklich kaum zu glauben, aber selbst ganz einfache Botschaften können falsch verstanden werden und völlig unbeabsichtigte Folgen nach sich ziehen. Und das ist, wie gerade bei Lotte und Peter, immer dann sehr wahrscheinlich, wenn Sender und Empfänger den ausgesandten Nachrichten unterschiedliche Bedeutungen verleihen, weil die einzelnen Wörter unterschiedliche Assoziationen hervorrufen, die als Interpretationsrahmen der gesamten Botschaft herangezogen werden.

> **Reflexion**
>
> Wenn wir mit anderen sprechen, haben wir für gewöhnlich das Gefühl, deutlich und klar auszudrücken, was wir meinen. Was haben Sie beispielsweise in Ihrem letzten persönlichen Gespräch zu Ihrem Partner, Freund oder allgemein Ihrem letzten Gesprächspartner gesagt? Überlegen Sie doch einmal, auf welche Weise man Ihre Aussage noch verstehen

könnte. Und überlegen Sie weiter, wie Sie gegebenenfalls die Wahrscheinlichkeit erhöhen könnten, dass Ihre Aussage so verstanden wird, wie Sie sie gemeint haben. Überlegen Sie doch auch einmal, ob und wie Ihr Gegenüber Ihre Aussage völlig missverstehen könnte.

Und jetzt drehen Sie den Spieß um und überlegen, ob auch Sie die Botschaften Ihres Partners missverstehen können und was er dafür unternehmen müsste, damit Sie die Botschaft richtig verstehen. Denken Sie auch einmal daran, was Sie selbst dafür tun könnten, seine Botschaft richtig zu verstehen.

3
Kommunikation und geteilte Bedeutung

Alle atmen sie dieselbe Luft, aber jeder auf seiner eigenen Wolke. Jeder schwebt, wie er will und wohin er will. Die Wolken begegnen sich, treiben auseinander und begegnen sich wieder.
Aus „Die Sprache des Feuers" von Don Winslow

Lotte ist heute schon sehr früh im Büro. Sie ist ziemlich müde, weil sie dann doch länger im „Amandla" geblieben sind. Erst einmal mussten sie noch das Missverständnis wegen der Hauptdarstellerin aus dem Weg räumen. Typischer Beziehungsalltag eben! Nicht nur deswegen ist Lotte heute ein bisschen gestresst. Sie hat auch noch ein paar dringende Telefonate zu erledigen und muss sich entsprechend vorbereiten. Dazu will sie noch verschiedene Berichte ansehen. Das geht am besten früh morgens, wenn noch niemand im Büro ist. Zehn Minuten später tritt jedoch Jens, ein Kollege, ins Büro ein. Normalerweise sitzt er Lotte gegenüber. „Morgen, Lotte!" „Morgen, Jens!" „Willst du auch einen Kaffee? Ich bringe dir gerne einen mit!", sagt Jens und schaut Lotte, die gerade gedankenversunken in ihren Berichten blättert, mit einem Lächeln an. „Du kennst mich ja, für dich mach ich fast alles!", ergänzt er augenzwinkernd. „Nein danke!", sagt Lotte, ohne aufzublicken, und denkt: „Muss der schon so früh da sein? Jetzt bin ich extra früher aufgestanden und hierher gekommen, um ungestört zu sein. Und jetzt das. So ein Mist! Und außerdem, was soll eigentlich diese dumme

> Anmache? Merkt der nicht, dass er überhaupt nicht mein Typ ist und mich einfach nur nervt? Ist der blind? Typischer Macho!" Lotte spürt, dass sie schlechte Laune bekommt, und versucht sich wieder in die Berichte zu vertiefen. Als sie am Nachmittag nach Hause kommt, ist Peter schon da. Er hat sich einen Tee gemacht, liegt auf dem Sofa im Wohnzimmer und blättert in der Fernsehzeitschrift. „Ah, Lotte! Schon da?!", ruft er. „Ja, nach der Sitzung konnte ich mich gleich loseisen. Zum Glück!" Peter steht auf und gibt Lotte einen Kuss. Dann geht er weiter in die Küche. „Willst du auch einen Tee? Ich wollte mir gerade einen machen", fragt er Lotte. „Ah ja, gerne, ich bringe nur schnell meine Sachen nach oben." Peter setzt das Teewasser auf. Er ruft lachend, während er sich zurückbeugt, um Lotte auf der Treppe zu sehen: „Du weißt ja, Schatz, für dich mache ich fast alles!" Lotte muss nun auch lachen: „Ach, du bist so ein Süßer! Ich bin gleich da!"

Wenn wir miteinander kommunizieren, tauschen wir nicht etwa nur Botschaften aus, sondern verleihen den Signalen, die wir da empfangen, auch eine bestimmte Bedeutung. Welche Bedeutung wir dabei vergeben, wird bestimmt durch unsere Biologie sowie unsere Erfahrungen, die wir im Verlauf unseres Lebens gesammelt haben, durch unsere aktuelle Verfassung, unsere Bedürfnisse und Ziele, die wahrgenommenen Merkmale unseres Kommunikationspartners und diejenigen der Kommunikationssituation. Die Biologie determiniert beispielsweise, welche Signale wir wie verarbeiten können. So sehen wir nur Licht in einem bestimmten Spektrum und hören nur Töne eines bestimmten Frequenzbereichs. Unsere Erfahrungen und unser Weltwissen wiederum decken den generellen Bedeutungshorizont ab, in dem wir Bedeutungen überhaupt vergeben können. Was wir dann aus dem sensorischen Input machen, der sich als verkleidete Botschaft des anderen zu uns aufgemacht hat, hängt also ausschließlich von unseren sich intern abspielenden Prozessen ab. Es ist immer und ganz allein der Empfänger, der die Bedeutung der Botschaft bestimmt. Das haben wir eben schon festgehalten. Wenn wir an die Eingangsszene des Kapitels denken, in der Jens Lotte einen Kaffee anbietet, wird dieser Punkt ganz deutlich. Es ist nicht der Satz, nicht das akustische Signal, das sich von Jens auf den Weg zu Lotte macht, was Lotte ärgerlich werden lässt. Es ist die Bedeutung, die Lotte den Aussagen Jens gibt. Wenig später wird sie auf ähnliche akustische Reize, ähnliche Sätze hoch erfreut reagieren, wenn nämlich Peter ihr einen Tee anbietet. Das Signal macht also nicht den Unterschied. Psychologische Kommunikationstheorien und -modelle erklären solche Kommunikationsprobleme damit, dass eine Botschaft eben alles andere als eindeutig ist und stets mehrere Seiten hat oder zumindest von mehreren Seiten aus betrachtet werden kann. In Paul Watzlawicks Kommunikationstheorie wird beispielsweise zwischen dem Inhalts- und dem Beziehungsaspekt einer Nachricht unterschieden. Inhaltsaspekt meint dabei die Sachbotschaft (Möchtest du Kaffee?), der Beziehungsaspekt dagegen eher die Frage, wie der Sender die Botschaft verstanden haben möchte bzw. welche emotionale Beziehung zwischen Sender und Empfänger besteht (Wenn ich dir Kaffee bringe, dann ist das ein Zeichen von Sympathie, auch ich möchte von dir gemocht werden!). Die Beziehungsebene bestimmt letztlich, wie die Sachbotschaft ankommt: als Information, als Befehl oder als Bitte. Häufig stimmen die Beziehungsdefinitionen von Sender und Empfänger jedoch nicht überein. Der Sender beispielsweise glaubt sich eine Nähe zum Empfänger erlauben zu können, die ihm der Empfänger aber gar nicht zugestehen will, so wie eben bei Jens und Lotte. Komplexer wird die Angelegenheit, wenn man bedenkt, dass der Sender der Botschaft womöglich auf den Sachaspekt fokussiert, während der Empfänger der Botschaft vor allem die Beziehungsdefinition heraushört. Fragen wir doch kurz bei Lotte nach, wie sie die Situation erlebt hat.

- **PMB:** Lotte, als dich dein Kollege Jens heute Morgen gefragt hat, ob du auch einen Kaffee möchtest, da wirktest du ziemlich genervt. Warum eigentlich? Das war doch eine sehr nette Geste!
- **Lotte:** „Ja, stimmt, ich war total genervt. Er hat doch gesehen, dass ich mich gerade konzentrieren musste. Und außerdem hatte ich echt keine Lust auf so ein Bürogequatsche, und auf seine plumpen Flirtversuche schon gar nicht!"
- **PMB:** Aber Jens hat dich doch wortwörtlich nur gefragt, ob er dir auch einen Kaffee mitbringen soll. Das war doch kein Flirt, oder?
- **Lotte:** „Etwas sagen und etwas sagen sind eben zwei verschiedene Paar Schuhe. Und ich kenne Jens. Schau ihn dir doch an, er ist so ein typischer Macho, der sich für unwiderstehlich hält. Und nur weil ich eine Frau bin, muss so einer dann sofort mit seinen Sprüchen anfangen: ‚Für dich mach ich fast alles' ... zwinker zwinker. Er soll mich einfach in Ruhe lassen!"

Lotte hat sich in der Szene mit Jens heute Morgen also für eine bestimmte Interpretation der von Jens ausgesendeten Nachrichten entschieden. Sie hat nicht auf den Sachinhalt der Nachricht gehört, sondern auf den Beziehungsaspekt. Und wenn man diese Interpretation zugrunde legt, kann man Lottes Reaktion ganz gut verstehen. Jens hat sozusagen eine Beziehung zu Lotte zum Ausdruck gebracht, die Lotte ihrerseits mit Jens gar nicht haben möchte. Peter dagegen

3 Kommunikation und geteilte Bedeutung 29

gesteht sie genau solch eine Beziehung zu und empfindet deswegen die gleiche Nachricht, wenig später nun von Peter gesendet, als charmant. Im Übrigen hat Lotte längst eine vorgefertigte Meinung zu Jens, die es ihm, selbst wenn er es denn wollte, so gut wie unmöglich macht, anders von Lotte wahrgenommen zu werden. Lotte hat ganz bestimmte Erwartungen an Jens, ja sogar Vorurteile, oder um es kognitionspsychologisch zu sagen: Lotte verfügt über ein Schema, was Jens betrifft. Das meiste Wissen steht uns in Form solcher Schemata zur Verfügung. Sie erlauben es, uns in einer so komplexen Welt wie der unseren in der Regel einfach und zielführend zurechtzufinden. Wir stellen uns problemlos auf neue Situationen und Umstände ein. Ohne groß darüber nachzudenken, bewegen wir uns ganz sicher von einer Situation zur nächsten, von einer sozialen Rolle zur anderen. Zum Glück können wir dabei auf unsere Erfahrungen bauen. Wir wissen eben, was in bestimmten Momenten von uns verlangt wird und wie wir die Dinge unserer Umwelt zu interpretieren haben. Aus den unzähligen Erfahrungen haben sich also Schemata entwickelt, eine Art Prototypenwissen. Dieses Wissen steht uns dann bedarfsgerecht und ganz ohne Anstrengung zur Verfügung. Wir erkennen einen Hund selbst dann als Hund, wenn wir diesen konkreten Hund noch nie zuvor in unserem Leben gesehen haben. Und wir erkennen schon von Weitem, ob es sich bei dem Haus weiter vorne um ein Restaurant oder einen Blumenladen handelt, wissen genau, dass wir beim Konzert des Sinfonieorchesters nicht telefonieren dürfen, und können problemlos ein griechisches von einem italienischen Restaurant unterscheiden. Unser Wissen über die

Welt ist in vielen Bereichen schematisches Wissen, das quasi einem Erfahrungsdurchschnitt entspricht. Das entlastet unsere Informationsverarbeitung, gibt uns Orientierung und die Möglichkeit, unsere Aufmerksamkeit selektiv auf besonders wichtige Aspekte zu lenken, und lässt uns mit großer Sicherheit und ohne viele Fehler sicher durch die Welt gehen. Außerdem helfen uns Schemata bei der Kommunikation. Ohne alles im Detail beschreiben zu müssen, kann ich mich in der Regel darauf verlassen, dass mein Gesprächspartner, sofern er denn über die gleichen Schemata verfügt, versteht, was ich meine. Wenn Lotte beispielsweise vom „typischen Macho" redet, dann vertraut sie darauf, dass andere diesen Ausdruck mit entsprechender und zum Schema „Macho" passender Information ergänzen. Müsste Lotte erst genau erklären, was sie damit meint, würde die Kommunikation viel länger dauern und wäre auch deutlich komplexer. Wir kämen kaum zum Punkt und könnten uns nicht so viel in so kurzer Zeit mitteilen. Aus dieser Perspektive erfüllen Schemata ganz wichtige Orientierungs- und Kommunikationsfunktionen. Da sie zudem völlig automatisch und ohne unser Zutun aktiviert werden, können wir unsere Aufmerksamkeit auf andere Dinge der Situation, z. B. uns weniger bekannte Aspekte, lenken. So wertvoll Schemata zur schnellen Orientierung sind, sie machen uns auch blind für solche Merkmale einer Situation, die womöglich nicht zum Schema passen, bzw. lassen uns Dinge erkennen, die womöglich gar nicht vorhanden sind. Bei Zeugenaussagen tritt dieses Problem häufig auf, wenn die Zeugen nicht mehr unterscheiden können, ob sie etwas wirklich gesehen haben oder die Erinnerungen mit Merk-

3 Kommunikation und geteilte Bedeutung 31

malen einer typischen Tatortsituation oder eines typischen Täters ergänzt werden. Schemata wecken eben Erwartungen, die sich dann auch in unserer Interpretation der Situation niederschlagen oder die es für andere – wie in unserem Beispiel Jens – schwer machen, überhaupt noch anders wahrgenommen zu werden. Schemata entsprechen dann sogenannten selbsterfüllenden Prophezeiungen: Ich nehme den anderen wahr, wie ich es von ihm erwarte, selbst wenn er sich eigentlich ganz anders gibt. Wie die berühmten Rosenhan-Experimente zeigen, kann das fatale Folgen haben. David Rosenhan schleuste im Jahr 1968 gesunde Personen in psychiatrische Einrichtungen, indem diese vortäuschten, unter Halluzinationen zu leiden. Ansonsten sollten sie sich ganz normal verhalten. Die anschließenden Diagnosen reichten von Schizophrenie bis zu manisch-depressiver Psychose. Keiner der eingewiesenen Patienten wurde in den anschließenden Tests als gesund befunden. Nach 19 Tagen wurden die Patienten wieder entlassen, weil sie keine Symptome mehr zeigten – nicht jedoch als gesund, sondern nur als symptomfrei. Ein einmal akzeptiertes Interpretationsschema lässt, wie dieses Beispiel eindrucksvoll zeigt, kaum Spielraum für andere Interpretationen. Man sieht und hört eben, was man sehen und hören möchte. Der Soziologe William Isaac Thomas hat das einmal treffend so formuliert: „If men define situations as real, they are real in their consequence." Was meint: Wenn wir eine Situation, ein Ereignis, das Verhalten einer Person als real erleben, dann ist es letztlich für uns auch real, und zwar ganz unabhängig davon, ob es das objektiv auch ist. Zwar hat Thomas seine Feststellung in Bezug auf paranoides Verhalten getroffen, doch sie ist verallgemeinerbar. Das beste Beispiel dafür, dass unsere Vorstellungen als real erlebt werden, können wir jede Nacht beim Träumen erleben. Obwohl wir in unserem Bett liegen und die Welt in Ordnung ist, erleben wir mitunter furchtbare Qualen und Ängste, denn das, was im Traum passiert, erleben wir als ganz real und daher wirkt sich dieses Traumerleben auch genauso aus, als würden wir es real erleben. In bedrohlichen Traumsituationen rast unser Herz ganz real und auch unsere Atmung wird schnell. Und von einem Moment zum anderen erleben wir dann mitunter etwas völlig anderes, etwas Schönes und Beruhigendes … und dann ist das eben real für uns.

Doch zurück zu den Kommunikationsmodellen. Einen noch differenzierteren Blick auf die zwischenmenschliche Kommunikation erlaubt das bereits 1934 publizierte Organon-Modell von Karl Bühler, wonach Sprachzeichen stets drei Funktionen besitzen. Erstens den Ausdruck: Je nachdem, wie der Sender etwas sagt, erlaubt dies Rückschlüsse über ihn und seine Person. Zweitens die Darstellung: Das, was gesagt wird, bezieht sich auf etwas, also auf Gegenstände oder Sachverhalte. Drittens den Appell: Eine Aussage richtet sich an einen Empfänger und fordert ihn zu etwas auf. Kommunikation umfasst stets alle drei Aspekte, wobei ein Aspekt meistens die anderen dominiert. Das Organon-Modell wird in dem Modell der zwischenmenschlichen Kommunikation von Friedemann Schulz von Thun aufgegriffen und um eine weitere Dimension ergänzt. Danach beinhaltet eine Botschaft neben der Sachinformation, also dem, worüber informiert werden soll (Möchtest du Kaffee?), und der Beziehungsdefinition, also dem, was ich von dir halte und wie wir beide zueinander stehen (Ich darf dich das fragen!), stets auch einen Selbstoffenbarungsaspekt, was ich von mir selbst preisgebe (Ich finde dich nett!) und einen Appell, also was ich von dir möchte (Finde du mich auch nett!). Missverständnisse entstehen nach diesem Modell dann, wenn der Sender eigentlich eine Sachbotschaft senden möchte, der Empfänger aber vor allem den Appell heraushört, oder wenn der Sender eine Beziehungsbotschaft abschickt, der Empfänger jedoch lediglich auf die Sachebene fokussiert – eben immer dann, wenn Sender und Empfänger unterschiedliches Gewicht auf eine der vier Seiten der Nachricht legen. Noch schlimmer: Häufig kommuniziert der Sender mehrdeutig bzw. mehrseitig, weil er selbst unentschlossen oder unentschieden ist und gar nicht weiß, auf welche Seite er besonderen Wert legen soll. Wir kennen solche Situationen, in denen wir uns unsicher sind und unterschiedliche Wünsche um Vorrang streiten, etwa so wie gerade bei Peter.

- **Lotte:** „Peter, sag mal, wollen wir nachher noch in die Stadt?"
- **Peter:** „Hm, ja, äh, hm, ja, ok, können wir machen."
- **Lotte:** „Na, so richtig begeistert hört sich das aber nicht gerade an?!"
- **Peter:** „Doch, schon, aber, ich muss eigentlich auch noch was für morgen tun."
- **Lotte:** „Kannst du doch auch nachher machen, oder?"
- **Peter:** „Ja, aber dann ist es schon wieder so spät."
- **Lotte:** „Na, du kannst mir ja noch Bescheid geben."
- **Peter:** „Nee, ich hab doch schon Ja gesagt!", antwortet Peter leicht gereizt.

Peter würde zwar einerseits gerne mit Lotte etwas unternehmen, andererseits hat er noch Arbeit zu erledigen. Er ist hin- und hergerissen, und genauso kommt auch seine Antwort an. Nach dem Modell von Schulz von Thun ist jede Botschaft von vornherein mehrdeutig, besitzt stets alle vier Seiten. Das Dilemma des Empfängers besteht darin, sich für die „richtige" Botschaft zu entscheiden – ein beinahe unmögliches Unterfangen. Hört Lotte beispielsweise nur auf den Inhaltsaspekt (Peter hat „Ja" gesagt), dann wird sich Peter womöglich nicht verstanden fühlen und Lotte als unsensibel beschimpfen. Hört sie dagegen vor allem auf die Selbstoffenbarung, die Peter durch sein zögerliches Antworten geleistet hat, wird Peter womöglich (wie im Beispiel gezeigt) gereizt reagieren, weil Lotte damit infrage stellt, was er wörtlich geantwortet hat. Kennen sich die Interaktionspartner gut, haben also bereits viele gemeinsame Kommunikationserfahrungen miteinander geteilt, dann steigt die Chance auf gelingende Kommunikation, dass die Nachricht also so verstanden wird, wie sie gemeint war, oder dass sie sogar in ihrer Mehrdeutigkeit akzeptiert werden kann, so wie eben bei Lotte und Peter. Lotte hat an der Äußerung Peters abgelesen, dass er sich unsicher war. Sie ist ihm deswegen auch entgegengekommen. Für Peter aber löste sich dadurch seine eigene Ambivalenz nicht auf, sondern sie wurde ihm geradezu vor Augen geführt, was ihn dann letztlich verärgerte. Solchen Ärger reagieren wir dann gerne auch am anderen ab. Eine gute Beziehung kann das aushalten. Hängt der Beziehungssegen dagegen sowieso schon schief, sind das typische Gelegenheiten, um in die Streitspirale einzusteigen.

Das Problem möglicher Missverständnisse kann natürlich prinzipiell dadurch aufgelöst werden, dass es zu interaktiven Korrekturen bzw. Rückmeldeschleifen kommt. Durch Nachfragen und Rückversicherungen über den beabsichtigten Inhalt der Botschaft kann die gemeinsame Bedeutung der Botschaft festgelegt werden. In anderen

Situationen dagegen gestaltet sich die gemeinsame Bedeutungskonstruktion schwieriger, insbesondere wenn die zunächst verliehene Bedeutung beim Empfänger mit starken Emotionen verbunden ist oder der Empfänger meint, die eigentliche Absicht des Senders bereits zu kennen. In beiden Fällen ist der Empfänger weniger daran interessiert, die Botschaft so zu verstehen, wie sie gemeint war, als vielmehr daran, seine Erwartungen zu bestätigen und auf seine Gefühle und Gedanken zu fokussieren. Wie wir also Situationen erleben, hängt allein von unserer Interpretation ab. Und die ist abhängig von unserem aktuellen Zustand, unseren Wünschen und Zielen. Damit haben wir auch eine Erklärung für Missverständnisse und kommunikative Probleme ganz allgemein. Sie sind einfach dem Umstand geschuldet, dass die Kommunikationspartner unterschiedliche Interpretationen abgeben. Kein Wunder, denn wir befinden uns oft in unterschiedlichen Zuständen, haben verschiedene Wünsche und verfolgen andere Ziele. Gewissermaßen halten wir uns in verschiedenen Welten auf. Aber nicht nur das: Unsere Sicht ist dabei so auf unsere eigene Welt fokussiert, dass wir das dem anderen weder zugestehen können noch dazu in der Lage wären, zu erkennen, dass unser Gegenüber gerade ganz andere Interpretationsgrundlagen anwendet. Stillschweigend gehen wir davon aus, dass der andere die Welt und die Situation exakt so wahrnimmt, wie wir das tun. Wir meinen, eine klare und eindeutige Botschaft gesendet zu haben, die ganz unabhängig von Bedürfnissen, Wünschen oder Zielen zu verstehen ist und die man gar nicht missverstehen kann … und bedenken dabei nicht, dass dies höchstens für die Mitbewohner meiner eigenen Gedanken- und Gefühlswelt gelten kann, nicht aber für Bewohner anderer Welten. Im interkulturellen Zusammenhang können wir dieses Aufeinanderprallen verschiedener Welten – mit teilweise gravierenden Folgen für das gegenseitige Verständnis – gut beobachten. Wenn beispielsweise ein Deutscher und ein Spanier aufeinandertreffen, ist es für eine gelungene Kommunikation beileibe nicht ausreichend, wenn sie sich an die gängige Übersetzung der einen in die andere Sprache halten. Die Bedeutung der einzelnen Begriffe kann kaum erschöpfend übersetzt werden, da sie für jeden der beiden mit seinem jeweiligen Erfahrungsschatz unlösbar verbunden ist. Neben den individuell unterschiedlichen Erfahrungen gibt es kulturell geprägte Erfahrungen, solche also, die die Mitglieder einer Kultur als Deutungsgemeinschaft teilen. Wenn der Deutsche daher den Spanier zum Abendessen einlädt, dann verstehen sich die beiden zwar wortwörtlich, aber erfolgreich war die Kommunikation nur bedingt, denn ein Spanier versteht unter einem Abendessen etwas völlig anderes als ein Deutscher. Das fängt schon beim Zeitpunkt an, zu dem man gewöhnlich das Essen zu sich nimmt, geht über die Dauer des Zusammenseins bis hin zu den Speisen und deren Kombination/Abfolge/Menge und betrifft auch das Ambiente, in dem man zusammen speist. Der Spanier wird nach dem deutschen Essen womöglich denken: Das war vielleicht ein Imbiss, aber ein Abendessen auf keinen Fall! Die Kommunikation zwischen den beiden kann also erst dann als gelungen bezeichnet werden, wenn die ausgetauschten Wörter zumindest eine ähnliche Bedeutung bei beiden auslösen. Je ähnlicher die Bedeutung, desto besser. Und je mehr gemeinsame Erfahrungen, umso wahrscheinlicher das gegenseitige Verständnis. Das Gleiche gilt im Übrigen auch für die Kommunikation zwischen Kindern und Erwachsenen. Das, was Erwachsene Kindern zu vermitteln versuchen, trifft eben in den meisten Fällen alles andere als in Schwarze, denn Kinder haben eine völlig andere Sicht der Dinge, andere Prioritäten, andere Erfahrungen und Wissensbestände als Erwachsene, d. h. ziemlich unterschiedliche bedeutungsgebende Ausgangsbedingungen. Je weiter Eltern von ihren Kindern gedanklich und emotional entfernt sind, desto schwieriger ist die Kommunikation. Mit gutem Grund sprechen wir daher in manchen Zusammenhängen vom Generationenkonflikt, der letztlich Ausdruck des völlig nachvollziehbaren Unverstehens ist, das sich auf die verschiedenen Weltauffassungen, Erfahrungsschätze und Wissensbestände der Generationen zurückführen lässt.

Sprache ist also ein wichtiges Instrument zur Verständigung, das jedoch gewissermaßen ohne Wissen über die kontextuellen Bedingungen, in denen die Sprache gesprochen wird, unzureichend bleibt. Erfolgreich, und zwar planbar erfolgreich, wird unsere Kommunikation nur dann, wenn wir mit unserem Kommunikationspartner in die gleiche Welt eintreten, in der die geteilte Sprache die gleichen Bedeutungen erzeugt. Denn gelingende Kommunikation ist ein *Prozess des gleichzeitigen Herstellens ähnlicher Bedeutungen,* also einer ähnlichen Wirklichkeit. Und indem Menschen sich ähnlich verhalten, weil sie die gleichen Bedürfnisse, Ziele, Wahrnehmungen und Kontextinterpretationen haben, und Menschen andere Menschen ebenfalls aus ihrer inneren Notwendigkeit als bedeutungsvoll handelnd wahrnehmen, entsteht erfolgreiche Kommunikation, gemeinsames Handeln. Ähnliche Bedeutungen wiederum können wir am besten entwickeln, wenn wir uns ähnlich sind. Wenn die Interpretationsmuster der Kommunikationspartner gleich sind, reagieren sie auf die eingehenden Signale auch in gleicher Weise. Doch häufig ist das eben nicht der Fall, sondern jeder ist in seiner Welt und merkt dabei noch nicht einmal, wie begrenzt er damit ist. Im Übrigen ist Ähnlichkeit auch ein Kriterium für die Selbstkenntnis und unser Selbstverstehen. Es kann schon passieren, dass wir ein vergangenes eigenes Verhalten heute nicht mehr richtig nachvollziehen und verstehen können. Was habe ich damals gemacht? Warum hab ich das eigentlich gemacht? Irgendwie verstehe ich mich selbst nicht mehr. Der Grund dieses Unverständnisses ist der gleiche wie bei der Betrachtung eines anderen Menschen. Zwischen der Person, die ich einmal war, und der Person, die ich heute bin, gibt es wenig Ähnlichkeit. Aus der heutigen Perspektive, mit meinen heutigen Erfahrungen und meinem heutigen Wissen würde ich eben ganz anders handeln als damals.

Reflexion

Kennen Sie Situationen, in denen Sie das Gefühl haben, ein anderer versteht genau, was Sie meinen? Und umgekehrt, haben auch Sie manchmal das Gefühl, genau zu wissen, was der andere Ihnen sagt? Was ist das Besondere an diesen Situationen? Wann treten sie ein? Und wann eher nicht? Haben Sie schon einmal festgestellt, dass Sie selbst etwas dazu beigetragen haben, dass Sie den anderen besser verstanden haben? Was haben Sie dabei genau gemacht?

4
Die Welten von Lotte und Peter

Bin ich Teil des Universums? Das heißt, wenn immer ich handle, verändere ich mich und das Universum mit mir.
Aus „Ethik und Kybernetik zweiter Ordnung" von Heinz von Förster

Lotte und Peter sind zu Hause. Endlich Wochenende! Lotte hat es sich mit einem Buch auf dem Sofa bequem gemacht. Peter dagegen hat sich gerade vorgenommen, das Auto einmal einer gründlichen Reinigung zu unterziehen. Während beide also ihren Beschäftigungen nachgehen, erhalte ich überraschend Besuch von Lurx, einem Wissenschaftler des Planeten Quadraplank. Wir kennen uns schon lange. Ein wirklich netter und lustiger Typ, allerdings nicht ganz einfach und manchmal ziemlich abgedreht für unsere Verhältnisse. Jetzt kommt er mir wie gerufen, um Lotte und Peter einmal aus anderer Perspektive, aus Sicht eines extraterrestrischen Beobachters zu analysieren und uns vielleicht zu helfen, die beiden noch etwas besser zu verstehen. Lurx ist sozusagen die geborene Metaperspektive.

- **PMB:** Schön, dass du da bist, Lurx! Hab dich ja schon lange nicht mehr gesehen. Wie geht's dir?
- **Lurx:** „Danke, sehr gut! Ja, ich war gerade mal wieder in der Nähe, und da ich noch ein paar Experimente durchführen wollte, dachte ich, ich schau mal bei dir vorbei! Und bei dir? Alles gut?"

- **PMB:** Na, du siehst ja. Jede Menge Arbeit. Umso schöner, dass du da bist, denn du kannst vielleicht direkt helfen. Wir sind den Geheimnissen gelungener menschlicher Kommunikation auf der Spur. Schau dir doch bitte mal Lotte und Peter an, die streiten sich hin und wieder. Manchmal verstehen sie sich ziemlich gut, dann wieder nicht. Könntest du die beiden mal etwas genauer unter die Lupe nehmen?
- **Lurx:** „Ja, das kann ich gerne machen!"
- **PMB:** Toll! Dann sag doch mal, wenn Du Lotte und Peter betrachtest, was fällt Dir dabei auf? Was sind die beiden aus deiner Sicht eigentlich?
- **Lurx:** „Hm, also beide sind zunächst einmal zwei ziemlich komplexe Organismen. Das muss ich schon sagen. Wir können sie auch als Systeme bezeichnen. In ihnen laufen biologische, chemische und physikalische Prozesse ab, die zudem noch miteinander interagieren. Dabei entstehen ganz komplizierte Wechselwirkungsprozesse. Wie heißt es doch bei euch so schön: Das Ganze ist mehr als die Summe seiner Teile. Das trifft auch auf Lotte und Peter zu."
- **PMB:** Aha, darauf beruht also unsere Individualität, wenn ich das recht verstehe!
- **Lurx:** „Nein, nicht wirklich. Sei mir bitte jetzt nicht böse, aber ihr Menschen seid euch im Grunde genommen ziemlich gleich, also ich meine so von eurer Machart und Funktionsweise. So wahnsinnig individuell seid ihr gar nicht! Also zumindest im Vergleich zu uns!"
- **PMB:** Jaja, ich weiß, bei euch ist alles viel besser! Na, ich hab da zwar eine andere Meinung, aber ... ist schon in Ordnung, fahr ruhig fort mit deinen Betrachtungen.
- **Lurx:** „Entschuldigung, ich wollte dich nicht kränken. Also, im Großen und Ganzen antworten die Systeme Lotte und Peter auf unterschiedliche externe wie interne Signalkonfigurationen ganz ähnlich. Sie lernen ähnlich, speichern ihr Wissen ähnlich, haben ganz ähnliche Gefühle und auch ein ganz ähnliches Verhaltensrepertoire, das es ihnen ermöglicht, sich an die unterschiedlichsten Gegebenheiten anzupassen. Und Menschen verfügen über die Fähigkeit, zielbezogen zu handeln!"

- **PMB:** Na, immerhin. Das hört sich ja schon versöhnlicher und angenehmer an.
- **Lurx:** „Ihr habt ein Alter und ein Geschlecht, habt Visionen, Wünsche, eine Geschichte, eine Gegenwart, eine Zukunft und jede Menge Erfahrungen. Und, das wird dich freuen, …"
- **PMB:** Ja, was denn? Ich bin ganz Ohr!
- **Lurx:** „Na, wenn man die Molekülstruktur und die damit einhergehenden wechselwirkenden Prozesse genau betrachtet, sind Lotte und Peter – oder sagen wir mal, ihr Menschen ganz allgemein – tatsächlich in gewissem Maße individuell, sogar so individuell, dass ihr eigentlich nie ihr selbst seid, sondern euch in jedem Augenblick von dem, was ihr gerade eben noch wart, schon wieder unterscheidet!"
- **PMB:** Ich wusste es doch!
- **Lurx**: „Aber freu dich nicht zu früh. Denn jeden Einzelnen von euch, den gibt es unendlich oft, vielleicht nur einen Tick anders, vielleicht aber gerade auch so, wie du jetzt bist. Denn auch ihr Menschen besteht aus einer endlichen Zahl von Teilchen, die irgendwie kombiniert sind. Da die Menge an Teilchen im Universum jedoch unendlich groß ist, existiert natürlich irgendwo, ganz zufällig, eine Teilchenkombination, die dir oder jedem beliebigen anderen Gegenstand, Objekt, Person, Tier oder Stein entspricht. Die Wahrscheinlichkeit dafür ist zwar äußerst gering, doch bei einem unendlich großen Universum ist es nur eine Frage der Zeit, bis man auch auf völlig Unwahrscheinliches trifft. Auf der Erde dagegen werdet ihr wohl nie euren Doppelgänger treffen, da gibt's euch nur einmal! Da kannst du sicher sein!"
- **PMB:** Ok, Lurx, sei mir jetzt nicht böse, aber das ist mir ehrlich gesagt zu hoch! Aber danke erst mal, dass du uns etwas über Lotte und Peter erzählt hast. Vielleicht komme ich später noch einmal auf dich zu. Fürs Erste reicht mir das. Danke, Lurx, und viel Erfolg bei deinen Experimenten!
- **Lurx:** „Bitte, gern geschehen. Und du wolltest es ja wissen!"

Fassen wir zusammen, was wir erfahren haben: Lotte und Peter sind komplexe Systeme, die sich jeweils in einem bestimmten Zustand befinden und permanent verändern. Daher befinden sie sich auch nie zweimal im exakt gleichen Zustand, sondern sind immer nur die Verwirklichung einer einzigartigen Kombination ihrer Teile und deren Wechselwirkungen. Diese Veränderungen können wir auch von außen betrachten. So verändert sich die Mimik permanent, die Bewegung, die Blicke. Zudem werden auch Lotte und Peter sichtbar älter, sie machen neue Erfahrungen, wodurch sich wiederum bereits gemachte Erfahrungen verändern, ändern ihre Einstellungen und versuchen ganz verschiedene Ziele zu erreichen. Sie passen sich fortlaufend an die Notwendigkeiten der jeweiligen Situation, an die Erfordernisse ihrer Wünsche, Bedürfnisse und Ziele an. Jeder Systemzustand steckt dabei die Grenzen der potenziell zu machenden Erfahrungen, Gefühle, Gedanken, Handlungen und Verhaltensweisen ab. Mit jeder Veränderung Lottes verändert sich auch Lottes Welt, denn die ist ja stets das, was für Lotte gerade der Fall ist, und begrenzt wiederum, was jetzt für sie möglich ist. Liest sie gerade ein Buch, dann ist sie in einer anderen Welt, so als würde sie gerade im Wald spazieren gehen. Und das ist nicht etwa nur metaphorisch gemeint, sondern im wahrsten Sinne. Auch wenn die meisten Systemveränderungen minimal sind und wir sie bewusst gar nicht bemerken, so finden sie dennoch statt. Vom griechischen Philosophen Heraklit stammt die Aussage: „Man kann nicht zweimal in denselben Fluss steigen." Das beschreibt genau diesen Umstand, denn weder ist der Fluss je der gleiche noch wir, die wir in ihn hineinsteigen. Wir besitzen höchstens sehr große Ähnlichkeit mit dem, der wir gerade eben noch waren. Wäre Lottes Welt eine Blase, so würde bei jeder Veränderung Lottes eine neue Blase entstehen, sodass die möglichen Welten Lottes, aus einer gewissen Entfernung betrachtet, so aussehen würden wie frischer Badeschaum. Die Grenzen der Blasen sind die Grenzen der aktuellen Welterfahrung. Und so wie sich bei Lotte dadurch ständig die Bezugspunkte, Mittelpunkte und Grenzen ändern, so ändern sich auch für uns alle – je nach Zustand – die Möglichkeiten und Weltinterpretationen. Peter beispielsweise wartete zu Beginn unserer Ausführungen furchtbar sehnsüchtig auf seine Lotte, und egal wie sie aus dem Zug gestiegen wäre, für ihn war sie just in dem Moment die tollste und bestaussehende Frau der Welt. Lotte dagegen war müde und durch die lange Reise in ganz anderer Stimmung. Sie fühlte sich elend und alles andere als hübsch. Peter und Lotte befanden sich eben in ganz unterschiedlichen Weltblasen, um im Bild zu bleiben. Kein Wunder also, dass ihre Wünsche, Ziele und Bedürfnisse sich nicht harmonisierten und sie sich nicht verstanden.

Ganz allgemein gesprochen, kann man unseren Systemzustand als eine adäquate Antwort auf die momentanen internen wie externen Anforderungen verstehen. Damit ist unser Verhalten systemisch gesehen immer auch zielbezogenes Verhalten. Dass dies von außen betrachtet vielleicht nicht immer so aussieht, liegt daran, dass Beobachter und Beobachteter nicht identisch sind und unsere Beobachtungen ja immer vor dem Hintergrund unseres eigenen Systemzustands und den sich daraus ergebenden Annahmen über den Systemzustand des anderen erfolgen. Je weniger Überschneidungen die Zustände von Beobachter und Beobachtetem haben, desto unschärfer, ungenauer kann der eine das Verhalten des anderen interpretieren. Dies gilt im Übrigen auch für den Fall, dass wir uns selbst betrachten. Auch uns selbst können wir stets nur vor dem Hintergrund der aktuell verfügbaren Wissensbestände, Erinnerungen, Erwartungen und Wünsche an uns selbst analysieren und bewerten. Und das Ergebnis fällt dann mal so und mal so aus. Denken Sie doch nur daran, wie Sie sich sehen und was Sie über sich denken, wenn Sie mit sich zufrieden sind. Vergleichen Sie diese Gedanken und Gefühle einmal mit denen, die Sie haben, wenn Sie sehr unzufrieden mit sich und Ihren Leistungen sind. Vermutlich werden Sie da Unterschiede feststellen, die sich zwar sehr real anfühlen, letztlich aber durch Ihren gegenwärtigen Zustand stark beeinflusst und natürlich kein Abbild einer „wirklichen Wirklichkeit" sind, sondern Ergebnis eines Interpretationsprozesses, der auch hätte anders ausgehen können, zumindest prinzipiell. Im Allgemeinen entwerfen wir übrigens ein Bild von uns, das durchaus schmeichelhaft ist, zumindest häufig schmeichelhafter als das Bild, welches wir von uns entwerfen würden, betrachteten wir uns von außen. So schätzen wir beispielsweise unsere Leistungen häufig besser ein, sind generell überoptimistisch, was unsere Person anbelangt (das Unglück trifft immer die anderen) oder überschätzen unseren Einfluss, selbst in Situationen, in denen der Ausgang vom Zufall abhängt wie z. B. beim Würfeln, also dem klassischen Zufallsexperiment. Beobachten Sie sich doch beim nächsten Mal, wenn Sie mit dem Würfel eine Sechs werfen möchten, und vergleichen Sie das mit dem Fall, in dem Sie eine Eins würfeln möchten. Sie werden vermutlich merken, dass Sie es tatsächlich mit dem Zufall aufnehmen und durch die Art des Wurfs irgendwie doch Einfluss zu nehmen versuchen, obwohl Sie ja genau wissen, dass Sie da machtlos sind!

Konflikte und Missverständnisse (mit sich und anderen) sind also ein Hinweis darauf, dass sich die Interaktionspartner in sehr unterschiedlichen Systemzuständen befinden, von unterschiedlichen Voraussetzungen ausgehen und unterschiedliche Annahmen über die Wirklichkeit des anderen haben. Umgekehrt folgt daraus, dass wir uns dann besser verstehen können, wenn wir uns in ähnlichen Systemzuständen befinden. Und genau das kann man ja auch beobachten, etwa wenn wir gerade ähnliche Bedürfnisse haben wie unser Kommunikationspartner, das gleiche Ziel verfolgen oder gerade das Gleiche tun wie er. Dann stellen sich die beteiligten Systeme auf die gleichen Anforderungen ein. Man könnte sagen, die heterogenen Systemzustände werden durch Gemeinsamkeit harmonisiert. Dies kommt einem zutiefst menschlichen Bedürfnis entgegen, nämlich dem der Zugehörigkeit. Rituale benutzen wir übrigens genau zu diesem Zweck. Sie führen dazu, dass sich die daran beteiligten und mitwirkenden Personen aufeinander und auf eine gemeinsame Wirklichkeit einschwingen. Je bekannter die Rituale, desto besser gelingt das. Rituale kennen wir aus der Kirche ebenso wie vom gemeinsamen Abendbrot. Wer ihre Bedeutung teilt und sich darauf einlässt, der lässt für einen Zeitraum seine eigene Welt hinter sich und begibt sich stattdessen in eine sozial konstruierte gemeinsame Welt und Wirklichkeit. In dieser geteilten Wirklichkeit verstehen wir uns, solange diese Konstruktion stabil bleibt. Häufig werden solche Zustände dann auch rituell wieder beendet durch ein Zeichen, dass wir die gemeinsame Wirklichkeit wieder verlassen können. Und auch das kommt einem menschlichen Grundbedürfnis entgegen, nämlich dem, uns von anderen abzugrenzen. Je mehr wir uns zu anderen dazugehörig fühlen, umso eher erwacht auch das Bedürfnis nach Abgrenzung.

- **Peter:** „Ja, stimmt. Wir haben auch so unsere Rituale. Tagsüber ist jeder derart mit sich beschäftigt, dass es häufiger vorkommt, dass Lotte mich ganz verdutzt anschaut, wenn ich sie etwas frage. So als käme ich von einem anderen Stern!"
- **Lotte:** „Das machst du auch!"
- **Peter:** „Ja, bestimmt. Gegen Abend dann ist es oft so, dass entweder Lotte oder ich irgendwann das Signal geben. Lotte sagt dann beispielsweise: ‚Allmählich bekomme ich Hunger ...'"
- **Lotte:** „Und du lässt dann dein berühmtes ‚So!' erklingen."
- **Peter:** „Ja, das kann gut sein. Wie dem auch sei, wenn diese Signale erklingen – also dein ‚Allmählich bekomme ich Hunger ...' und mein ‚So!' –, dann wirkt das wie ein An- und Ausschalter. Das ist das Signal, mit der Arbeit aufzuhören und sich dem Feierabend zu widmen."
- **Lotte:** „Ja, das stimmt. Schon lustig, ist mir so noch nie aufgefallen!"

Im Übrigen können auch Streitereien und Konflikte häufig als Rituale angesehen werden. Aus gewisser Entfernung betrachtet, laufen viele Auseinandersetzungen nämlich auf die immer gleiche Art und Weise ab. Der eine sagt oder tut etwas, worauf der andere auf bestimmte Weise reagiert. Der Anfang des Teufelskreislaufs aus gegenseitigen Vorwürfen und Unterstellungen ist gemacht. Der Streit ist ein gut geübtes Spiel aus Reaktion und Gegenreaktion, bis er – und auch das ist ritualisiert – auf ebenso bestimmte Weise beigelegt oder beendet wird. Man könnte dabei fast sagen, dass im Streit Start- und Stopp-Ritual in ihrer Wirkung quasi falsch herum platziert sind. Denn während wir beispielsweise beim Besuch eines Gottesdiensts zu Beginn einem Ritual folgen, um uns in eine gemeinsame Welt zu begeben, in der wir uns auf gemeinsam geteilte Bedeutungen fokussieren können, um diese dann am Ende wieder in Richtung eigene Welt zu verlassen, ist es beim Streit geradezu umgekehrt. Mit dem Start-Ritual ziehen wir uns in unsere Welt zurück, um uns dann erst nach dem Stopp-Ritual allmählich wieder in einer gemeinsamen Welt zu begegnen.

> **Reflexion**
>
> Welche Rituale kennen Sie aus Ihrem Alltag? Verändern diese Rituale etwas in Ihrem Denken, Fühlen oder Verhalten? Was passiert da genau mit Ihnen? Was würde passieren, wenn Sie das Ritual überspringen würden? Kennen Sie auch ein Streitritual? Wie läuft das genau ab? Und wie beenden Sie dann den Streit?

5
Die Wirklichkeit als Möglichkeit

Erstens ist klar, dass diese Wahrnehmungen durch äußere, unsere Sinne erregende Ursachen bewirkt werden; denn die, welchen die Organe dazu abgehen, können nie die dadurch hervorgebrachten Vorstellungen in ihrer Seele haben. Dies ist so klar, dass man nicht daran zweifeln kann, und man kann deshalb sicher sein, dass diese Vorstellungen nur durch diese Sinnesorgane und auf keinem anderen Wege in die Seele eintreten. Nun werden sie selbstverständlich durch die Organe selbst nicht erzeugt, denn sonst könnten die Augen eines Menschen auch im Dunklen Farben erzeugen, und seine Nase könnte die Rosen auch im Winter riechen; indes erlangt niemand den Geschmack der Ananas, wenn er nicht nach Indien geht, wo sie wachsen, und er dort sie kostet.

Aus „Versuch über den menschlichen Verstand" von John Locke

Peter ist heute gut gelaunt. Schon am Morgen fühlte er sich ausgeruht und fit. Auf der Arbeit lief alles bestens und auch sonst ist er einfach guter Dinge. Auf dem Nachhauseweg hält er noch kurz an einem Blumenladen an und kauft eine wunderschöne rote Rose für Lotte. Als er durch die Haustür tritt, sieht er Lotte schon im Flur stehen. „Schau mal, was ich dir mitgebracht

> habe", ruft Peter und gibt Lotte einen Kuss. „Oh, wie schön die ist. Danke, mein Lieber! Ah, ich liebe rote Rosen!" Lotte bedankt sich mit einem strahlenden Lächeln und steckt die Rose in eine Vase, die sie auf den Tisch im Wohnzimmer stellt.

Es entspricht unserem Alltagsempfinden, dass wir uns sicher in der Welt bewegen und die Dinge um uns herum als verlässlich wahrnehmen. Andernfalls wäre ein Interagieren mit der Welt und mit anderen Menschen ja auch kaum denkbar. Keiner käme in der Szene auf die Idee, daran zu zweifeln, dass die Rose echt ist und sich nun in einer echten Vase auf dem Wohnzimmertisch befindet. Und dennoch verhält es sich diesbezüglich völlig anders. Unsere Wahrnehmung liefert uns nämlich kein Abbild der Welt, so wie sie wirklich ist, sondern ist vielmehr das Ergebnis hirnphysiologischer Prozesse, an deren Ende ein bewusster Wahrnehmungseindruck entsteht. Diese Wahrnehmung ist dann eine für unseren Organismus und unseren Zustand produzierte relevante Wirklichkeitskonstruktion. Mit der Welt da draußen hat das nichts zu tun. Streng genommen haben wir mit dieser Welt noch nicht einmal direkten Kontakt, und unser Gehirn schon gar nicht. Unsere Sinnesorgane sind unser getrübtes Fenster in eine Welt, von deren Vielfalt und Möglichkeiten wir nicht die leiseste Ahnung haben. Wir wissen nicht, wie die Welt „in Wirklichkeit" aussieht, wie es darin riecht und ob es darin kalt oder warm ist. Riechen oder Fühlen sind Empfindungen, für die unser Organismus entsprechende Organe hat. Andere Organismen haben andere Organe und dementsprechend andere Empfindungen. Ein extremophiler Mikroorganismus zum Beispiel würde sich geradezu kaputtlachen, wenn wir ihm etwas von Hitze erzählen würden. Er lebt nämlich gewöhnlicherweise in vulkanischen Quellen und steckt locker mehr als 100 Grad Celsius weg. Das Einzige, was wir sagen können, ist, dass unsere Sinnesorgane auf bestimmte Signale reagieren und diesen Input an unser Gehirn weiterleiten. Und Letzteres ist entscheidend. Würden wir die Welt allein mit unseren Sinnen wahrnehmen, dann müssten wir die Welt eigentlich gleich doppelt sehen und auch noch auf den Kopf gestellt, denn genau das ist das Bild, das auf die Netzhaut unserer Augen fällt. Erst unser Gehirn macht daraus ein Bild, das auch noch richtig herum gedreht ist. Unser Gehirn setzt also die Signale erst zu einem Wahrnehmungseindruck zusammen. Die Rose ist daher so lange nicht rot, solange keiner hinschaut, der mit entsprechenden Sinnesorganen ausgestattet ist, die Licht einer bestimmten Wellenlänge empfangen und damit etwas anfangen können, d. h. dies an ein Schaltsystem wie das Gehirn weiterleiten, das dann die Bedeutung „Farbe Rot" verleiht. Es gibt ja im Grunde noch nicht einmal eine Rose an und für sich. Oder ist die Rose für unseren Freund Lurx auch eine Rose? Ist nicht vielmehr eine Rose nur für denjenigen eine Rose, der auch die Bedeutung des Begriffs Rose kennt? Genau genommen gibt es nur bestimmte Organismen wie Lotte und Peter, die bei einer spezifischen Reizkonfiguration einem Ding die Bedeutung „Rose" geben und dann auch noch das Erleben der Rose mit „schön rot" benennen. Diese wunderschöne rote Rose, so wie sie Lotte erlebt, gibt es eben nur für uns Menschen, die wir mit ähnlichen Sinnesorganen und Gehirnen ausgestattet sind, ähnliche Erfahrungen machen und daher ganz ähnliche Erlebniswelten produzieren können. Aber schon für einen Frosch ist unsere Rose nicht mehr diese schöne rote Pflanze, sondern nur noch ein dunkler Bereich vor einem helleren Hintergrund. Und für einen Ureinwohner im brasilianischen Regenwald ist die Rose nur eine Blume, vielleicht. Welche Welt ist jetzt die wirkliche? Unsere? Oder doch die des Froschs oder des Ureinwohners? Genauso wenig wie wir das in diesem Beispiel entscheiden können, können wir das bei anderen Empfindungen tun. Wann nehmen wir die Welt so wahr, wie sie wirklich ist? Und welche Wahrnehmung ist wirklicher, die von Lotte oder die von Peter? Diese Frage macht angesichts des bisher Gesagten grundsätzlich keinen Sinn mehr. Die Wirklichkeit eines jeden von uns, ob Freund, Partner oder Frosch, ist nichts anderes als eine sich über einen bestimmten Zeitraum erstreckende Emergenz aus der Menge an potenziellen Wirklichkeiten, deren Grenzen sich aus den jeweils spezifischen Konstruktions- und Funktionsweisen des jeweiligen Organismus ergeben. Hätten wir beispielsweise andere Sinnesorgane, dann würden wir auch andere Dinge wahrnehmen. Und nicht nur das, auch unsere Erfahrung wirkt sich auf unsere Wahrnehmung aus. Ein Beispiel dafür ist das Scharfsehen. Faktisch sehen wir nur solche Objekte scharf, die im Zentrum unserer Netzhaut abgebildet werden. Das entspricht in etwa einem Objekt in der Größe unseres Daumennagels, wenn wir die Hand ausstrecken. Alles drum herum sehen wir eigentlich unscharf. Unser Eindruck ist jedoch ein anderer, nämlich dass wir einen großen Teil unseres Sehfeldes detailliert und scharf sehen. Wie kommt es, dass wir etwas scharf wahrnehmen, obwohl wir es nicht wirklich scharf sehen können? Das Entscheidende bei der Wahrnehmung ist gar nicht die Signalverarbeitung in unserem Auge, sondern der Abgleich der

Signalinformationen mit bereits gespeicherten Informationen in unserem Gehirn. Das schärft sozusagen die Informationen nachträglich durch Bereitstellung vorhandenen Wissens nach. Wir sehen demnach, was wir glauben oder zu sehen erwarten, bzw. das, was unser Gehirn mit der Vorlage anfängt. Sie können das direkt selbst testen. Lesen Sie folgenden Satz: „Nach eienr Stidue der Uinversitaet Cmabridge ist es eagl, in wlehcer Reiehnfogle die Bchustebaen in Woeretrn vokrmomen." Haben Sie ihn verstanden? Die meisten vermutlich ja, und zwar ohne große Probleme. Es hat höchstens ein bisschen länger gedauert. Möglich macht das unser Gehirn bzw. das dort gespeicherte Wissen. Da wir die Wörter kennen, können wir sie selbst dann identifizieren, wenn sie falsch geschrieben sind. Jeder, der öfter schreibt oder Korrektur liest kennt das Phänomen, dass man trotz mehrfachem Lesen Tippfehler häufig nicht sieht. Unser Gedächtnis mit all unseren Erfahrungen und unserem Wissen ist unser bestes Wahrnehmungsorgan, nicht unsere Augen oder Ohren. Daraus resultiert, dass unsere Wirklichkeit eben nur eine von vielen Möglichkeiten ist. Denn wenn wir nur das erkennen, was wir kennen, dann können wir auch mehr, weniger oder etwas ganz anderes erkennen, je nachdem, wie viel wir kennen und was von diesen Kenntnissen von uns zum Erkennen tatsächlich eingesetzt wird bzw. gerade verfügbar ist. Schauen Sie sich zum Beispiel folgende Buchstabenkombination an:

A G T U F K R T Q U A D R A P L A N K R A L N K T R

Vielleicht erkennt der ein oder andere etwas in diesem Buchstabensalat. Schauen Sie einfach noch mal hin! Wenn nicht, dann haben Sie vorhin nicht aufgepasst, als ich Ihnen

Lurx vorgestellt habe. Sie wissen ja, unseren extraterrestrischen Freund. Er kommt nämlich vom Planeten Quadraplank. Schauen Sie jetzt also nochmals den Buchstabensalat an. Erkennen Sie nun etwas? Wenn Sie den Heimatplaneten von Lurx darin erkennen, vorher aber nichts als eine sinnlose Aneinanderreihung von Buchstaben gesehen haben, dann liegt dies daran, dass Sie erst jetzt die Buchstabenfolge „Quadraplank" kennen und daher auch jetzt erst erkennen können. Daraus folgt: Ohne Wissen keine Wahrnehmung. Und da unsere Wahrnehmung bestimmt, was für uns wirklich ist, ist unsere Wirklichkeit auch nur eine Möglichkeit, die von unserem Wissen abhängt. Wir können demnach auch ganz andere Wirklichkeiten erleben!

- **Lotte:** „Ja, ich kenne das ganz konkret. Mir ist vor ein paar Tagen Folgendes passiert: Ich wollte meine Hände waschen und in dem Moment, als das Wasser meine Hände berührte, hab ich die Hände schreckhaft zurückgezogen und laut ‚Aua' geschrien!"
- **Peter:** „Ja, daran erinnere ich mich. Das war verrückt!"
- **Lotte:** „Ja, das kann man wohl sagen. Denn das Wasser war kalt und nicht heiß. Trotzdem hatte ich für einen Moment den Eindruck, ich hätte mir die Hände verbrannt."

Reflexion

Haben Sie auch schon einmal etwas gesehen, was gar nicht da war? Gehört, was niemand gesagt hat? Etwas erkannt, was sich dann als Täuschung entpuppte? Haben Sie womöglich schon einmal etwas gesehen, geschmeckt, gerochen, gehört, gefühlt, weil sie es sehen, hören, riechen, schmecken, fühlen wollten? Und können Sie sich vorstellen, was Sie tun müssten oder was der Fall sein müsste, damit Sie eine Sache sehen, hören, riechen, schmecken oder fühlen können, obwohl da gar nichts ist? Probieren Sie doch einfach einmal aus, sich genau vorzustellen, wie es sich anhört, wenn Sie auf einer Blumenwiese liegen. Hören Sie es? Welche Schlussfolgerungen ziehen Sie daraus?

6
Wissen und Aufmerksamkeit

Wenn unsere Sprache des Erlebens differenzierter wird, dann wird es auch unser Erleben selbst.
Aus „Wie wollen wir leben?" von Peter Bieri

> Es ist kalt geworden. Heute Morgen hat es heftig geschneit. Lotte steht am Fenster und schaut den tanzenden Schneeflocken zu. Alles ist so wunderbar ruhig. Der Schnee ist noch ganz unberührt. „Schau mal, Peter, es hat geschneit. Und wie!", flüstert Lotte, so als wolle sie draußen die Ruhe nicht stören. „Och nee! Dann ist nachher alles so matschig! Wie soll ich denn da zur Arbeit kommen?!", meckert Peter lautstark und quält sich aus dem Bett. „Nein! Es ist ganz feiner Pulverschnee! Schau doch!", sagt Lotte leise und winkt Peter zu sich.

Versetzen wir uns einmal gedanklich in den Winter. Es schneit. Kennen Sie sich mit Schnee aus? Wie viele verschiedene Schneesorten erkennen Sie? Sicher können Sie Pulverschnee von nassem Schnee unterscheiden. Wenn Sie Skifahrer sind, kennen Sie vermutlich noch Firn. Mehr werden die meisten weder kennen noch erkennen. Ein Eskimo dagegen kennt und erkennt sehr viel mehr unterschiedliche Schneetypen. Kein Wunder, hängt es doch von dieser Kenntnis ab, ob er sich den unwirtlichen

Lebensbedingungen seiner Umgebung anpassen kann. Dieses Wissen ist für ihn wichtig und daher sieht er mehr als wir, für uns Europäer ist es dagegen völlig bedeutungslos. Diese Beobachtung haben Edward Satin und Benjamin Lee Whorf schon vor fünfzig Jahren in ihrer berühmten Sapir-Whorf-Hypothese formuliert. Sogar bei sehr grundlegenden Aspekten der Weltwahrnehmung kann man den Einfluss des Wissens demonstrieren. Die beiden Forscher Lera Boroditsky und Alice Gaby baten z. B. in ihren Untersuchungen erwachsene Personen aus den USA darum, mit geschlossenen Augen nach Südosten zu zeigen. Dabei war zu beobachteten, dass die Finger in alle möglichen Richtungen gestreckt wurden. Fünfjährige Aborigines dagegen zeigten stets in die korrekte Richtung. Die Erklärung dafür: Die australischen Ureinwohner benutzen zur Ortsangabe nicht die Begriffe links oder rechts, sondern nutzen Kompasspunkte zur Orientierung. Sie sagen also nicht: „Schau mal da, die Tasse links gehört mir", sondern: „Schau mal da, die Tasse im Südosten gehört mir." Während wir demnach mit geschlossenen Augen problemlos nach links und rechts zeigen können, sind Aborigines Meister im Erkennen der Himmelsrichtung. Unsere Welt erschließt sich uns eben nur anhand der zu ihrer Beschreibung verwendeten Konzepte. Noch ein Beispiel. Geht es Ihnen nicht auch manchmal so, dass Sie Menschen einer anderen Ethnie nur schlecht voneinander unterscheiden können? Das muss Sie durchaus nicht beunruhigen, denn dieses Phänomen ist als sogenannter *Ausländereffekt* bekannt. Der besagt, dass wir Gesichter von Menschen einer anderen Ethnie schlechter auseinanderhalten können als Gesichter unserer eigenen Ethnie. Für uns sehen viele Chinesen gleich aus, Europäer dagegen sind in unseren Augen erkennbar unterschiedlich. Die Erklärung für dieses Phänomen ist auch hier, dass wir nur das unterscheiden können, was wir kennen. Und was wir nicht kennen, können wir nicht differenzieren. Und wenn wir etwas gut kennen, dann sehen wir es selbst dort, wo es womöglich gar nicht ist. Jeder kennt die berühmten Gesichter und andere Formen, die wir am Wolkenhimmel, auf dem Steinboden oder auf der Marsoberfläche zu erkennen glauben, so wie im Jahr 1976, in dem die Viking-Sonde ein spektakuläres Foto von der Marsoberfläche schickte. Deutlich zu erkennen war darauf ein riesiges Gesicht mit Augen und sogar Nasenlöchern. Hatten uns da etwa Außerirdische eine Botschaft gesandt? Oder war das der Rest einer untergegangenen Zivilisation? Weder noch, sondern lediglich ein großer, verwitterter Berg mit Licht und Schatten, der uns zum Zeitpunkt der Fotografie den Eindruck eines Gesichtes vermittelte. Da wir auf das Erkennen von Gesichtern spezialisiert sind – weil es für unser Überleben ja seit Jahrtausenden von Bedeutung ist, Menschen von anderen Lebewesen zu unterscheiden –, sehen wir eben auch dann Gesichter, wenn gar keine vorhanden sind. Gemäß unserem Alltagsverständnis sprechen wir in solchen Fällen dann von Täuschungen oder Wahrnehmungsfehlern. Doch vielleicht ist das die falsche Sicht. Was heißt schon Fehler oder Täuschung? Haben wir nicht vorhin bereits festgestellt, dass für uns das real und wahr ist, was wir als real erleben, und zwar ganz unabhängig davon, ob es auch ohne uns oder zu einem anderen Zeitpunkt real da ist? Ein Fehler, eine Täuschung setzt ja in gewisser Weise die Kenntnis und den Vergleich zum Echten voraus. Aber was soll das Echte und Reale sein? Das, was wir beobachten, oder das, was andere beobachten, oder das, was wir gleichzeitig beobachten? Unsere Wirklichkeit ist nicht da, sie entsteht immer erst, und zwar dort, wo sich unsere Aufmerksamkeit befindet. Diese sorgt dafür, dass aus einer Potenzialität eine Wirklichkeit emergiert, sich eine Möglichkeit aus einer unendlichen Zahl andere Möglichkeiten realisiert, nämlich gerade dort, wo wir mit unseren Aufmerksamkeitsscheinwerfern die dunklen Stellen des Möglichkeitsraums erhellen. Was wir nicht beachten, das findet in unserer momentanen Lebenswirklichkeit nicht statt. Es existiert nicht. Oder gab es eben für Sie Ihren linken kleinen Zeh? Solange Sie nicht an ihn gedacht haben, gab es ihn für Sie einfach nicht. Und da unsere Aufmerksamkeit begrenzt ist, ist unsere Lebenswirklichkeit eben auch nur ein kleiner Ausschnitt aus dem, was wir prinzipiell erleben können. Ein Experiment der amerikanischen Forscher Daniel Simons und Christopher Chabris kann diesen Sachverhalt gut illustrieren. Die beiden untersuchten den sogenannten *Attentional Blindness*-Effekt. Dazu zeigten sie ihren Versuchsteilnehmern kurze Videofilme, in denen beispielsweise zwei Teams Basketball gegeneinander spielen. Ein Team trägt dabei weiße T-Shirts, das andere schwarze. Die Aufgabe der Versuchspersonen besteht nun darin, die Anzahl der Ballkontakte des weißen Teams zu zählen. Etwa in der Mitte des Films läuft eine Person durch die Szene, die als schwarzer Gorilla verkleidet ist. Sie bleibt kurz in der Mitte stehen und geht dann aus dem Bildausschnitt heraus. Nach Ende des Films sollen die Versuchspersonen angeben, wie viele Ballkontakte sie gezählt haben und ob ihnen womöglich noch etwas anderes im Film aufgefallen ist. Erstaunlicherweise wurde der Gorilla von weniger als der Hälfte der Teilnehmer bewusst wahrgenommen. Warum haben so wenige Personen den Gorilla gesehen, obwohl er doch vor ihren Augen stand und sogar beide Hände gegen seine Brust schlug? Ganz einfach: Es lag an der begrenzten Aufmerksamkeit, die völlig von der Aufgabenbearbeitung, nämlich auf die weißen Spieler zu achten, absorbiert war. Dort aber, wo keine Aufmerksamkeit war, gab es auch nichts. In gewisser Weise hört unsere Welt dort auf, wo unsere Aufmerksamkeit nicht mehr hinreicht. Diese Begrenztheit einerseits ist auch eine Möglichkeit andererseits. Denn wenn sich unsere Wirklichkeit immer dort abspielt, wo unsere Aufmerksamkeit ist, dann sind wir auch dazu in der Lage, ganz bewusst an unserer Wirklichkeitskonstruktion mitzuwirken. Wir müssen nur unsere Aufmerksamkeit entsprechend ausrichten.

> Gehen wir für einen Moment zurück zu Lotte und Peter. Beide sind vorhin rausgegangen, um den Schnee noch schnell wegzuräumen, bevor sie sich zur Arbeit aufmachen. Es waren bestimmt 20 Zentimeter gefallen. Das hatte es schon lange nicht mehr gegeben. Während Lotte fleißig Salz streute, mühte sich Peter mit der Schneeschippe ab. Er kam ganz schön ins Schwitzen, denn unter dem Schnee hatte sich eine dicke Eisschicht gebildet, die so einfach nicht zu beseitigen war. „Lotte, pass auf, streu doch das Salz da, wo ich den Schnee gerade weggeräumt habe, das macht mehr Sinn!" Lotte nickte und folgte Peters Weg. Nach zehn Minuten hatten sie es geschafft. „Uff, das war ganz schön viel Arbeit", meinte Peter. „Hoffen wir, das hält jetzt auch für eine Weile. Wir sind ja beide erst spät wieder zu Hause", sagte Lotte. „Komm, gib mir das Salz, ich bring die Sachen zurück", rief Peter. Lotte reichte ihm das Salz, und gerade als Peter sich Richtung Garage umdrehte, passierte es. Er rutschte aus und fiel rücklings auf den Boden. Das tat weh. Peter fluchte: „Ah, so ein Mist! Aua ..." Lotte musste an sich halten, um nicht zu laut zu lachen. „Weh getan?", fragte sie kleinlaut. „Ja. Das gibt bestimmt einen ziemlichen Bluterguss!", meinte Peter und

> richtete sich auf. Den ganzen Morgen noch spürte er Schmerzen in seinem Gesäß, auch das Sitzen tat weh. Im Verlauf des Morgens rückte der Schmerz dann zunehmend in den Hintergrund. Erst als Peter sich nach getaner Arbeit auf den Weg nach Hause machte und das Treppenhaus seiner Arbeitsstelle benutzte, um auf die Straße zu gelangen, spürte er den Schmerz wieder heftiger. „Aua, das tut ja echt noch weh" dachte Peter. „Ich hatte ja beinah schon vergessen, dass ich heute Morgen gefallen bin."

Im Allgemeinen beachten wir ganz automatisch diejenigen Dinge, die für uns gerade wichtig und bedeutsam sind. Und was für uns wichtig und bedeutsam ist, hängt wiederum von unserem Zustand ab. Denken wir beispielsweise an Schmerzen, speziell an Kopfschmerzen oder an die Gesäßschmerzen von Peter. Eine wirklich unangenehme Begleiterscheinung solcher Schmerzen ist, dass sie nicht nur wehtun, sondern auch unsere Aufmerksamkeit absorbieren. Wir können dann schlecht an etwas anderes denken, fühlen den Schmerz ganz bewusst. Das wiederum kann zu einer Intensivierung des Schmerzes führen. Hin und wieder passiert es uns aber, dass wir den Schmerz regelrecht vergessen, weil eine besonders wichtige Sache unsere ganze Beachtung erfordert. Wir bemerken dann erst viel später, dass der Schmerz verschwunden ist. Dabei spielen natürlich verschiedene Dinge eine Rolle: zum einen die Aufmerksamkeit, zum anderen verschiedene andere Prozesse, die quasi im Schlepptau unserer Aufmerksamkeit mitgezogen werden und das Schmerzempfinden womöglich sogar verstärken können. So verkrampfen wir uns häufig bei körperlichen Schmerzen und nehmen daraufhin eine Haltung ein, in der wir den Schmerz weniger spüren. Das hat aber dann oft zur Folge, dass bestimmte Muskelpartien falsch oder überbeansprucht werden, was wiederum weitere Schmerzen auslösen kann. Werden wir dagegen abgelenkt, kann es sein, dass sich Verkrampfungen wieder lösen, weil wir eine „normale", weniger verkrampfte Körperhaltung einnehmen. Diese wiederum ist für uns ein Signal, dass alles in Ordnung ist, was sich folgerichtig in einem anderen Erleben ausdrückt. Es ist ungefähr so, wie es die Experimente zum sogenannten *Facial Feedback* demonstrieren. In einem berühmten Experiment der Sozialpsychologen Fritz Strack, Sabine Stepper und Leonard Martin sollten die Versuchspersonen nichts anderes tun, als einen Stift entweder mit der nicht dominanten Hand, den Zähnen oder den Lippen zu halten. Anschließend sollten sie Cartoons danach beurteilen, wie lustig sie diese fanden. Dabei stellte sich heraus, dass die Cartoons am lustigsten von jenen Personen bewertet wurden, die den Stift mit den Zähnen hielten, und am wenigsten lustig von der Personengruppe, die den Stift zwischen den Lippen hatte. Die Erklärung für diesen seltsamen Befund: Wir nutzen auch körperliche Reize zur kognitiven Bewertung. Jene Personen, die den Stift mit den Lippen festhielten, spannten den Ringmuskel des Mundes (musculus orbicularis oris) an, was jedoch das Anspannen der Lachmuskeln (musculus zygomaticus und musculus risorius) verhinderte. Das Anspannen der verschiedenen Muskeln diente den Versuchspersonen also ganz unbewusst dazu, das Urteil über ihr Erleben anzupassen, ganz nach dem Motto: Wenn meine Muskeln mir anzeigen, ich lache, dann muss das, was ich gerade sehe, auch lustig sein. Solche und ähnliche Befunde werden im Gesundheitsbereich auch unter dem Stichwort *Biofeedback* diskutiert. So kann man beispielsweise zeigen, dass sich Migräne und Stress gut über

Biofeedback-Schleifen präventiv behandeln bzw. reduzieren lassen. Typischerweise werden dabei die Hirnströme des Patienten zunächst auf einem Computermonitor sichtbar gemacht. Anschließend werden die Patienten dazu angeleitet, beispielsweise die Hyperaktivität im Gehirn bei Migräne durch bestimmte Gedanken zu hemmen. Sogar bei hyperaktiven Kindern lassen sich damit gute Erfolge erzielen.

Doch zurück zur Aufmerksamkeit. Sie ist entscheidend für das, was wir als Wahrnehmung erleben – zum Beispiel in Situationen, in denen wir sehr hungrig sind. Hier werden alle Reize, die uns unseren Hunger zu stillen versprechen, bevorzugt, andere Reize beachten wir dagegen nicht bzw. nicht sehr stark. Oder wenn wir gerade einen spannenden Roman lesen, dann hören wir womöglich nicht, dass uns jemand anderes gerade anspricht. Erst wenn wir willentlich entscheiden oder durch andere Umstände dazu veranlasst werden, unseren Aufmerksamkeitsfokus zu ändern, wechseln wir in einen anderen Zustand, in eine andere Welt – etwa wenn der Gegenüber uns plötzlich so laut ruft, dass wir aus unseren Gedanken gerissen werden und uns ihm zuwenden. Womöglich aber sind wir gedanklich dann immer noch „auf einem anderen Stern" und verstehen nicht sofort, was der andere von uns möchte.

- **Lotte:** „Ja, das kenne ich nur zu gut! Oh, und das macht mich manchmal ganz wahnsinnig. Wenn Peter an seinem Computer sitzt und arbeitet, dann kann man ihn fünfmal rufen, bis er reagiert!"
- **Peter:** „Aber du!"
- **Lotte:** „Und was mich erst recht fuchsig macht, ist, wenn er dann einfach mehr oder weniger Ja und Amen sagt, denn dann weiß ich genau, dass er mir im Grunde gar nicht zugehört hat!"

Der Wechsel von einer Beschäftigung zur anderen verursacht Kosten und es braucht Zeit für die gedankliche Umstellung. Fazit: Unsere Gedanken und Vorstellungen und unsere Aufmerksamkeitsprozesse hängen direkt miteinander zusammen.

Welch große Bedeutung unsere Gedanken besitzen und dass sie sogar unser Verhalten unmittelbar beeinflussen, haben Forscher um den Sozialpsychologen John Bargh in vielen Studien eindrucksvoll belegen können. So konnte beispielsweise gezeigt werden, dass Versuchsteilnehmer, die sich zuvor gedanklich mit dem Thema „Alter und Altern" beschäftigt hatten, anschließend für das Zurücklegen einer bestimmten Wegstrecke mehr Zeit benötigten als eine Teilnehmergruppe, die sich mit einem anderen Thema beschäftigte. Sie sind also langsam wie alte Menschen gelaufen. Die gedankliche Auseinandersetzung hat ganz offensichtlich dazu passende Verhaltensweisen wahrscheinlich gemacht und ausgelöst. In anderen Experimenten zeigte sich, dass Personen, denen vorher Begriffe wie „unhöflich" oder „grob" gezeigt wurden, sich anschließend genauso verhielten. Auch auf ganz subtile Weise lässt sich unser Verhalten beeinflussen. Setzt man beispielsweise Personen auf harte Stühle, dann sind sie kompromissloser als auf weichen Stühlen. Offenbar werden durch die unbewusste Wahrnehmung der Stuhlbeschaffenheit bestimmte Assoziationen ausgelöst, die dann handlungswirksam werden. Auch die umgekehrte Wirkrichtung kann empirisch demonstriert werden. Es lässt sich nämlich zeigen, dass unser Verhalten unser Denken beeinflusst. So generierten beispielsweise Versuchspersonen eines Experiments des deutschen Sozialpsychologen Thomas Mussweiler, die auf einem Trainingsfahrrad der Anweisung folgten, sehr langsam zu fahren, anschließend mehr Begriffe, die mit Alter zu tun haben, als Personen, die schneller fahren durften. In einer anderen Studie konnte man den Zusammenhang zwischen der Körperhaltung und Emotionen nachweisen. Personen, die während einer Aufgabenbearbeitung aufrecht saßen, erlebten nach positiver Rückmeldung eher die Emotion Stolz als Personen, die die Aufgabe zusammengesunken bearbeiteten. Und umgekehrt führt eine Aufgabenbeschäftigung mit Wörtern, die mit Stolz oder Enttäuschung zu tun haben, dazu, dass sich die Körperhaltung der Teilnehmer entsprechend veränderte. Außerdem konnte eine Forschergruppe um Ian Penton-Voak beispielsweise zeigen, dass aggressiv auffällige Jugendliche offenbar eine andere Gesichterwahrnehmung besitzen. Sie bewerten neutrale Gesichter, also Gesichter ohne eindeutige Mimik, die man ihnen auf Fotos zeigt, nicht als neutral, sondern als feindselig, wodurch ihr aggressives Verhalten unmittelbar einleuchtend wird: Die Jugendlichen sind aggressiv, weil sie Aggression wahrnehmen und dann „mit gleicher Münze" quasi im Modus der Selbstverteidigung auf die anderen reagieren. Das, was in manchen Situationen durchaus Sinn machen kann, wenn man sich etwa bedroht fühlt, wird dann kontraproduktiv, wenn der andere gar nicht feindselig ist. Alles eine Frage der Perspektive, könnte man angesichts dieser Studienergebnisse meinen. Ein entsprechendes Training, in dem man den Jugendlichen bei der Beurteilung von Gesichtern jeweils Rückmeldung über die Feindseligkeit gab und bei der die neutralen Gesichter eben als neutral bezeichnet wurden, führte übrigens zu besseren Diskriminierungsleistungen seitens der Jugendlichen und in letzter

Konsequenz zu weniger aggressivem Verhalten. Ähnliches lässt sich nachweisen, wenn US-amerikanischen Studienteilnehmern arabische Gesichter mit neutralem Gesicht gezeigt werden. Auch hier zeigt sich, dass die Gesichter als feindselig eingestuft werden. Für Sportler oder Musiker übrigens ist die Erkenntnis, dass zwischen geistigen und körperlichen Prozessen starke Wechselwirkungen bestehen, ein ganz gewöhnlicher Teil ihres Erfolgs. Profisportler bereiten sich häufig mittels Mentaltraining, bei dem sie die kommenden Aufgaben gedanklich durchspielen, auf den Wettkampf vor. Dazu imaginieren sie sich den Ablauf des Wettkampfes, fahren oder laufen die Strecke in Gedanken ab oder stellen sich den genauen Bewegungsablauf vor. Das führt dann zu entsprechend gewünschten körperlichen Effekten wie beispielsweise der entscheidenden Anspannung oder dem richtigen Antizipieren der bevorstehenden Reaktionen und Aktionen. Ähnlich macht das der Musiker. Er kann sogar Musikstücke lernen, ohne praktisch zu üben, allein indem er sich vorstellt, zu üben. Zusammenfassend und vereinfacht ausgedrückt: Unser Erleben und unser Verhalten werden stets durch körperliche wie mentale Prozesse, die sich wechselseitig beeinflussen, moduliert. Oder um es etwas poetischer zu formulieren: Körper und Seele sind miteinander verwoben.

Was also zeigen uns all diese Beispiele? Ganz einfach: Nichts ist, wie es scheint, alles scheint nur, wie wir es sehen. Außerdem haben wir erkannt: So, wie wir die Welt sehen, so verhalten wir uns darin – und wie wir uns in der Welt verhalten, so sehen wir die Welt auch. Damit sind wir also sozusagen die Regisseure und Hauptdarsteller unseres eigenen Films, den wir Wirklichkeit nennen. Genau wie wir im

Traum eine eigene Wirklichkeit erschaffen, so erzeugen wir sie auch im Wachzustand.

> **Reflexion**
>
> Probieren Sie doch einmal die sogenannte Schwereübung des autogenen Trainings aus. Nehmen Sie sich für ein paar Momente Zeit, setzen oder legen sich bequem hin und atmen drei, vier Mal tief ein und aus. Schließen Sie die Augen. Und dann konzentrieren Sie Ihre ganze Aufmerksamkeit auf Ihren rechten oder linken Arm. Stellen Sie sich nun vor, dass Ihr Arm ganz schwer wird, immer schwerer. Sagen Sie sich im Kopf immer wieder und angenehm langsam folgenden Satz: „Mein rechter Arm wird ganz schwer." Wiederholen Sie das zehn bis fünfzehn Mal. Atmen Sie dabei ganz ruhig weiter und konzentrieren Sie sich auf Ihren Arm. Am Ende können Sie sich den Satz „Ich bin ganz ruhig" zwei, drei Mal vorsagen. Wenn Sie möchten, können Sie dann mit der Wärmeübung fortfahren, indem Sie sich anschließend langsam und ruhig sagen: „Mein rechter Arm ist ganz warm." Nach zehn bis fünfzehn Durchgängen wiederholen Sie: „Ich bin ganz ruhig." Wenn Sie bei dieser kleinen Übung etwas gespürt haben, vielleicht sogar Schwere und Wärme, dann haben Sie gerade die Macht der Gedanken bewusst eingesetzt und mit reiner Vorstellungskraft und Aufmerksamkeitsfokussierung Ihr Körpererleben verändert.

7
Die Wirklichkeit verändern

Denn man kann doch nicht etwas erfinden, was man nicht erfinden kann und was nicht zu einem passt. Also sind wir immer und in jedem Fall angepasst. Und diese Einsicht ist es, die, so meine ich, den Menschen näher zum Menschen bringt: Er wird zum Vater oder zur Mutter aller Dinge und Erscheinungen.
Aus „Wahrheit ist die Erfindung eines Lügners" von Heinz von Förster

Heute wollen es Peter und Lotte ganz langsam angehen lassen. Erst einmal ein richtiges Frühstück mit allem, was dazugehört. Peter hat frische Brötchen geholt, Lotte inzwischen den Tisch gedeckt. „Hm, wie das duftet!", sagt Lotte. Sie streicht sich dick Butter auf ein noch warmes Brötchen. Sie liebt es nämlich, wenn die Butter dann schmilzt. Während beide also in aller Ruhe frühstücken, unterhalten sie sich über den gestrigen Abend. Sie hatten Gäste zu Besuch und es macht ihnen hinterher immer riesigen Spaß, Gast für Gast durchzugehen und zu kommentieren. Peter schmiert sich gerade sein zweites Brötchen und greift zur Butter. „Ach du meine Güte!", ruft er entsetzt, „Lotte, die Butter ist ja schon seit fünf Tagen abgelaufen! Igittigitt!" „Iiiih", ruft nun auch Lotte, „das ist mir vorhin gar nicht aufgefallen!" Lotte versucht den Geschmack im Mund genauer zu analysieren. „Jetzt merke ich es, ja, da ist so ein komischer Nachgeschmack! Pfui Teufel! Ich muss mir sofort die Zähne putzen gehen!"

Es ist wirklich faszinierend, wie wenig ausreicht, um unsere Wirklichkeit zu verändern. Eine Information mehr oder weniger, und schon ändert sich unsere Wahrnehmung radikal. Solange Lotte nicht wusste, dass die Butter abgelaufen war, hat sie auch nichts Besonderes geschmeckt. Erst als Peter sie auf das Ablaufdatum aufmerksam machte, meinte Lotte deutlich den schlechten Geschmack wahrzunehmen. Solche Erlebnisse kennen wir alle aus ganz unterschiedlichen Zusammenhängen. Bleiben wir aber noch kurz beim Geschmack. Wenn Sie schon einmal in der glücklichen Lage waren, ein Glas Champagner zu genießen, dann werden Sie womöglich auch den Unterschied zu einem herkömmlichen Sekt geschmeckt haben. Champagner prickelt irgendwie anders und der Geschmack ist auch feiner. Oder wenn Sie kurz hintereinander einen sehr günstigen und einen sehr teuren Rotwein probiert haben, werden Sie auch da vermutlich geschmeckt haben, welches der teure Wein war. Zumindest glauben Sie das. Die Wirklichkeit sieht nämlich auch hier anders aus. Würde man Ihnen zwei identische Gläser mit Sekt und Champagner füllen bzw. mit den beiden Sorten Wein, dann würde Ihnen die Entscheidung, welches der beiden Getränke nun das teure (und somit bessere) ist, vermutlich sehr schwerfallen. Am Geschmack können Sie es in der Regel nicht erkennen. Denn wirklich schmecken kann man ja ohnehin nur, ob etwas sauer, süß, salzig oder bitter ist. Das, was wir als Geschmack bezeichnen, ist in Wirklichkeit unser Geruch. Und den Gerüchen ordnen wir nun Erfahrungen und unser Wissen zu. Erst wenn wir demnach zum Geschmack zusätzliche Informationen erhalten, können wir verschiedene Produkte unter Zuhilfenahme unseres Gedächtnisses differenzieren. Sie glauben das nicht? Dann überzeugen Sie vielleicht die zwei Studien, die ich Ihnen jetzt kurz vorstellen möchte. In der ersten Studie von Leslie de Chernatony und Malcolm McDonald hat man den Versuchsteilnehmern zwei identische weiße Becher gegeben, in dem einen befand sich Coca Cola und in dem anderen Pepsi Cola – für jeden Cola-Trinker also zwei wirklich unterschiedlich schmeckende Getränke. Aufgabe der Teilnehmer war es, ein Präferenzurteil abzugeben. Ergebnis: 51 % präferierten unwissend Pepsi Cola, 44 % Coca Cola, 5 % hatte keine Präferenz. Wurde der Versuch nun wiederholt, wobei diesmal für die Teilnehmer sichtbar war, was sie tranken, so entschieden sich plötzlich nur noch 23 % für Pepsi Cola, 65 % jedoch für Coca Cola, 12 % hatten keine Präferenz. Die Teilnehmer nutzten also zur Beurteilung der Geschmackspräferenz offensichtlich andere Informationen als die reinen Geschmacksinformationen. Das Wissen um die Marken entschied ihre Wahl. In einer anderen Studie eines Forscherteams um Hilke Plassmann sollten die Versuchspersonen unterschiedliche Weine kosten und jeweils nach verschiedenen Kriterien beurteilen, darunter auch der Geschmack. Die Versuchspersonen wurden jeweils über den Preis des Weines informiert. Hier zeigte sich, dass die Versuchspersonen den teuren Wein sehr viel besser bewerteten als den günstigen. Aber nicht nur das, interessanterweise fanden sich auch auf hirnphysiologischer Ebene Unterschiede, wenn die Versuchspersonen der Meinung waren, teuren bzw. günstigen Wein zu verkosten. Allerdings – und das macht die Studie für uns so interessant – probierten die Teilnehmer in Wirklichkeit nur einen einzigen Wein, der ihnen einmal als teurer und einmal als billiger vorgestellt wurde. Objektiv konnte es also gar keine Unterschiede geben! Aber was macht das schon, wenn wir subjektiv einen Unterschied erleben? Diese beiden Beispiele zeigen: Es ist schon unglaublich, mit welchen Möglichkeiten der Wirklichkeitskonstruktion wir eigentlich ausgestattet sind. Umso erstaunlicher ist es dann, dass wir so wenig bewussten Gebrauch von dieser Möglichkeit machen. Vielleicht weil in den meisten Fällen unsere Wirklichkeitskonstruktion ganz automatisch und ohne bewusstes Eingreifen gesteuert wird. Unsere physischen und psychischen Prozesse sorgen nämlich von ganz alleine dafür, dass sich unser System optimal auf die Gegebenheiten und Anforderungen der aktuellen Situation einstellt. Wir beachten Signale, die gerade relevant sind, und klammern andere, irrelevante Signalinformationen einfach aus, so wie vorhin in dem Beispiel mit dem Gorilla. Und diese relevanten Signale wandeln sich in bedeutungsvolle Informationen, die sich unmittelbar auf unser jetziges Erleben auswirken. Wir können aber auch ganz bewusst unsere Gedanken in eine bestimmte Richtung lenken und damit unser Erleben maßgeblich beeinflussen. So stimmen wir uns beispielsweise auf bestimmte und erwartete Situationen oftmals gedanklich ein. Ein Vorstellungsgespräch oder ein Rendezvous spielen wir zum Beispiel im Kopf durch. Aber auch andere Menschen können uns durch kommunikative Prozesse dazu einladen, bestimmte Gedanken zu fassen. Schauen wir doch kurz wieder auf unsere beiden Protagonisten. Lotte versucht gerade Peter davon zu überzeugen, sich am Abend mit Freunden zu treffen …

- **Lotte:** „Ach komm, das wird bestimmt lustig!"
- **Peter:** „Ach nee, Lotte, ich hab echt keine Lust!"
- **Lotte:** „Wir treffen uns im ‚La Gondola', da schmeckt es dir doch immer so gut!"
- **Peter:** „Ja, aber mir ist heute gar nicht so nach Reden."
- **Lotte:** „Musst du doch gar nicht! Du kommst einfach mit, bestellst dir eine leckere, knusprige Pizza und dann sehen wir mal, wie lange wir bleiben."
- **Peter:** „Hm, ich weiß nicht."
- **Lotte:** „Stell dir doch nur vor, die leckere, superdünne, knusprige Pizza … hm?"
- **Peter:** „Na gut, aber nur kurz, ok?"
- **Lotte:** „Ok!"

Peter hatte zwar überhaupt keine Lust, aber die Pizza konnte ihn überzeugen. Lotte hat es geschafft, indem sie ihn kommunikativ dazu veranlasst hat, sich schon bei seinem Lieblingsitaliener sitzen zu sehen, vor sich diese wunderbar knusprige Pizza. Dadurch veränderte sich die Entscheidungssituation für Peter. Ging es vorher nur darum, zu entscheiden, ob er Lust auf die Freunde von Lotte hat, ging es jetzt auch darum, ob er sich gegen die Pizza entscheiden würde. Die positive Bewertung der Pizza glich sozusagen die negative Bewertung des Rests aus. Worte als Bedeutung auslösende Reize verändern Erlebnisse. Die Werbung macht sich übrigens genau diese Erkenntnis zunutze. Durch bestimmte Informationen wird versucht, uns zu bestimmten Erlebnissen zu veranlassen. Schauen Sie sich doch nur einmal die Produkte genauer an, die Sie tagtäglich verwenden. Zum Frühstück gönnen Sie sich vielleicht ein Brot mit der „Gourmet-Marmelade", dazu die besonders „streichzarte Butter" auf einem „handausgehobenen rustikalen Bauernbrot". Und unter der Dusche können Sie die „prickelnde Erfrischung" Ihres Duschgels spüren.

Zum Trinken gibt es „natürliches Mineralwasser". Sobald Sie die Beschreibungen der Produkte lesen und verstehen, erhöhen sich die Chancen, dass Sie auch das erleben, was Sie da verstehen. Dann schmeckt die Gourmet-Marmelade eben besser als eine herkömmliche, ist die Butter irgendwie weicher, das Brot schmeckt wie handgemacht, das Wasser natürlich und tatsächlich spüren Sie, wie das Duschen Sie erfrischt. Die werbliche Kommunikation versucht also, Produkte mit bestimmten Bedeutungen aufzuladen. Das geschieht beispielsweise dadurch, dass man das Produkt immer wieder in einem bedeutungsvollen Kontext zeigt bzw. die beabsichtigten Bedeutungen durch die gezielte Verwendung entsprechender Begriffe und Konzepte auf das Produkt überträgt. Je häufiger das Produkt im Kontext gezeigt wird bzw. bestimmte Begriffe zeitgleich kommuniziert werden, desto stärker wird die Assoziation, d. h., umso wahrscheinlicher wird die Bedeutungsübertragung. Ein Waschmittel wird so besonders „sensitiv", ein Mineralwasser zum „Gesundbrunnen" und eine ganze Autoserie wird gleich kunstvoll mit „Picasso" in Verbindung gebracht. So verwandeln sich die Produkte von reinen Gebrauchsgütern zu bedeutungsvollen Markenprodukten, die uns Qualität, Prestige oder Status versprechen. Die werbliche Kommunikation versorgt uns also mit Konstruktionsvorschlägen, mit denen wir bestimmte und erwünschte Wirklichkeiten erzeugen können. Wenden viele diese „Glücksrezepte" an, dann bekommen die Produkte eine geteilte Bedeutung, sie werden zum Symbol. Ein stilisierter Apfel kann so ganz schnell zum Ausdruck einer ganzen Generation werden, ein Stern zum Nonplusultra beim Auto. Werbung, Marken und Produkte produzieren also Wirklichkeiten, in denen wir uns mit anderen und über andere verständigen können, weil wir in dieser Konsumwelt gemeinsame Bedeutungen konstruieren.

Kommen wir noch einmal zurück zu der Bahnhofszene zu Beginn des Buches. Es wird nun immer klarer, warum unsere beiden Protagonisten aneinander vorbeigeredet haben. Keiner von beiden hatte Verständnis für die Wirklichkeitsauffassung des anderen, jeder war ganz in seiner Welt und auf seine Wirklichkeit beschränkt. Beide waren unsensibel für die Belange des anderen. Hätten sie sich in der gleichen Welt aufgehalten, dann hätten sie sich auch besser verstanden. Aber kann man das überhaupt: einen Besuch abstatten in der Welt des anderen?

Reflexion

Haben Sie Lust, sich kurz in eine andere Welt hineinzuversetzen? Denken Sie nur einmal an den morgigen Tag. Was müssen Sie noch alles erledigen? Haben Sie nichts vergessen? Schaffen Sie alles, was Sie sich vorgenommen haben? Wenn Sie darüber nachdenken, wie geht es Ihnen jetzt dabei? Stellen Sie sich dazu eine Skala von 1 („sehr gut") bis 7 („gar nicht gut") vor. Welche Zahl würden Sie vergeben? Falls es Ihnen jetzt nicht so gut gehen sollte, dann gönnen Sie sich doch schnell eine Portion „angenehmes Erleben". Interesse? Dann entspannen Sie sich jetzt und atmen zunächst dreimal tief ein. Zählen Sie nach jedem Einatmen bis vier, dann atmen Sie wieder ganz langsam aus. Denken Sie dabei einfach einmal an Ihren nächsten Urlaub. Freuen Sie sich auch schon darauf? Wohin geht es eigentlich? Wie fühlt sich die Luft an? Welche Kleidung haben Sie an? Wie sind Sie gelaunt? Wie geht's Ihnen, wenn Sie am Urlaubsort angekommen sind? Und wenn Sie so in Gedanken vor Ort sind: Was würden Sie nun antworten, wie es Ihnen auf der Skala von 1 bis 7 geht? Hat sich Ihr Erleben gerade verändert? Wenn ja, dann sind Sie gerade von einer Welt in eine andere gereist. Blitzschnell und völlig kostenlos.

8
Empathie als Tür zur anderen Welt

Allein schon der Gedanke an das, was tatsächlich existieren könnte, lässt mich die Grenzen meines Daseins überwinden und eröffnet mir ganz neue Perspektiven zur Betrachtung meiner eigenen Existenz. Scheinbar? Real!
Peter Michael Bak

> Es wurde dann doch ein ganz netter Abend im „La Gondola". Peter hatte sich wie immer eine Pizza „Quattro Stagioni" bestellt. Und die schmeckte ihm noch besser, als er sie sich vorgestellt hatte. Die anderen Leute waren auch nicht so schlimm, wie Peter befürchtet hatte. Beim Essen erzählte er den anderen von dem Geschäftsmeeting, das er am Morgen gehabt hatte. Dabei war ihm ein Missgeschick passiert. „Wir saßen alle um einen runden Tisch im Besprechungsraum und ich war nun an der Reihe, einen Überblick über die Entwicklung der letzten sechs Monate zu geben. Ich stand auf, um an das Whiteboard zu gehen ... und in dem Moment stoße ich mit meinem Bein an den Tisch. Meine Kaffeetasse kippt um, direkt auf die Hose von Herrn Wangenbach. Zum Glück war der Kaffee nicht mehr so heiß. Aber könnt ihr euch vorstellen, wie peinlich mir das war?" „Oh Gott", ruft Lotte und verbirgt ihr Gesicht hinter beiden Händen. „Das ist ja ganz furchtbar, da wird mir allein schon vom Zuhören ganz anders." Die anderen lachen und jeder erzählt anschließend eine ähnliche Geschichte.

Wir haben bisher gesagt, dass Lotte sich ständig in wechselnden Zuständen befindet und daher in anderen Welten wandelt als Peter. Wie aber können sie sich dann überhaupt miteinander verständigen? Wie kann es sein, dass Lotte bei Peters Erzählung von dem verschütteten Kaffee regelrecht mitleidet? Wenn wir alle ein anderes Verständnis der Wirklichkeit haben, wie können wir dann gemeinsam und zielbezogen handeln? Nun, wir haben zwar festgestellt, dass sich Lotte und Peter in unterschiedlichen Welten aufhalten, aber es gibt zwischen diesen Welten auch zahlreiche Überschneidungen. Das wiederum liegt daran, dass Lotte und Peter so verschieden ja gar nicht sind. Denken wir an das, was Lurx uns vorhin gesagt hat. Menschen sind eben ziemlich gleich aufgebaut und funktionieren ganz ähnlich. Haben Peter und Lotte zum Beispiel den ganzen Tag nichts gegessen, dann bekommen sie Hunger. Nach einer langen Nacht sind beide am nächsten Morgen müde. Zudem haben sie sehr viele gleiche oder ähnliche Erfahrungen gemacht. Sie wuchsen mit Vater und Mutter in einer kleinen Stadt auf, gingen mit sechs Jahren zur Schule, machten mit achtzehn Abitur. Sie sind in ähnlichen Umgebungen aufgewachsen, leben seit ihrer Geburt in der gleichen Kultur, kennen deren entsprechende Normen und Werte, sprechen die gleiche Sprache und auch ihr Werdegang und ihre persönliche Entwicklung sind ganz ähnlich verlaufen. „Im Großen und Ganzen antworten die Systeme Lotte und Peter daher auf unterschiedliche externe wie interne Signalkonfigurationen ganz ähnlich", hatte Lurx gesagt. Und je mehr sie miteinander zu tun haben, je mehr Erfahrungen sie teilen können, je häufiger sie gleiche Interessen ausbilden, desto häufiger werden sie ganz ähnliche Wirklichkeiten erleben. Sie verstehen sich immer besser, teilweise sogar blind. Sie kennen sich so genau, dass sie wissen, was im jeweils anderen vorgeht. So kennt Lotte Peters Gedanken und Gefühle und umgekehrt. Mit anderen Worten: Jeder kann sich in den anderen hineinversetzen, sie sind empathisch füreinander. Mit Empathie bezeichnen wir allgemein unsere Fähigkeit und Bereitschaft, die Gedanken, Emotionen, Motive einer anderen Person zu erkennen und zu verstehen. Genau genommen müssten wir hier eigentlich sagen: Empathie ist das Ergebnis einer Unterstellung. Wir wissen ja nie wirklich, wie jemand anderes fühlt und denkt. Das Einzige, was wir erreichen können, ist, dass unsere Annahmen über die Gedanken- und Erlebniswelt des anderen, auf deren Grundlage wir mitfühlen, einigermaßen zutreffen und unsere Gefühle dem Erleben des anderen somit gerecht werden. Wie dem auch sei, Empathie ist eine zentrale Voraussetzung für gelingende Kommunikation. Oder anders formuliert: Ohne empathisches Verständnis für die gegenwärtige Situation, Befindlichkeit und Zielorientiertheit meines Gegenübers wird es sehr schwer sein und vom Zufall abhängen, ob ich ihn mit meiner Botschaft überhaupt erreiche. Empathie ist aber mehr als nur das Wissen über die Ziele, Bedürfnisse und Aufgaben einer Person. Um zu wissen, wie mein Gegenüber fühlt, denkt und bewertet, muss ich in der Lage sein, mich in die Person und ihre Situation hineinzuversetzen oder ähnliche Gefühle, Gedanken und Bedürfnisse bei mir hervorzurufen – also die Perspektive des anderen einzunehmen und in seine Welt einzutauchen. Je mehr ich mich in die Person hineinversetzen kann, desto empathischer kann ich auch sein. Im Alltag wenden wir dazu (meistens) unbewusst einen Trick an: Wir ahmen unser Gegenüber nach. Wir räuspern uns, wenn er sich räuspert, wie gähnen, wenn er gähnt, schlagen die Beine nacheinander übereinander oder verwenden sogar die gleichen Wörter und Gesten. In der Fachwissenschaft ist dieses Nachahmungsverhalten als *Chamäleon-Effekt* bekannt. Das Nachahmen erfüllt dabei eine wichtige Funktion: Indem wir die Handlungen und Verhaltensweisen des anderen imitieren, sorgen wir für Vertrauen, Offenheit, Nähe und eben Empathie. Mehr noch, wenn uns der andere nachahmt, dann mögen wir ihn ganz unbewusst mehr. Und wenn wir den anderen mögen, dann ahmen wir ihn auch eher nach. Durch Nachahmen treten wir in Kontakt mit dem anderen. Wir spiegeln uns in unserem Verhalten gegenseitig und mögen uns umso mehr, je mehr wir uns spiegeln. Wir entwickeln durch das Nachahmen quasi einen gemeinsamen Code der Verständigung, oftmals übrigens auf nonverbale und unbewusste Art und Weise, durch Gestik, Mimik und Verhalten. Auch die Gruppen- und Cliquenbildung basiert auf solchen Nachahmungsprozessen, durch die sich die Gruppenmitglieder explizit oder implizit auf einen Gruppencode verständigen, der die Bedeutung von Regeln, Symbolen, Verhaltensweisen, Meinungen und Einstellungen definiert. Wer zur Gruppe gehört, hält sich an die Regeln. Durch das gegenseitige Nachahmen der Gruppenmitglieder entsteht Konformität, durch die sich wiederum sehr schnell feststellen lässt, wer zur Gruppe gehört und wer nicht. Die Gruppenzughörigkeit wird überdies nach innen wie außen signalisiert, z. B. durch Kleider oder Abzeichen, die zu Gruppenabzeichen mit für alle sichtbarer Signalwirkung werden. Mode ist aus dieser Perspektive als ein gemeinsam verabredeter Code anzusehen, mit dessen Hilfe die Gruppenzugehörigkeit signalisiert werden kann – mit großer Wirkung auf unser Erleben und Verhalten, wie wir das schon von den Uniformen etwa aus dem berühmt-berüchtigten Stanford-Gefängnis-Experiment aus dem Jahr 1971 kennen. Damals wollten die Forscher menschliches Verhalten in der Gefangenschaft studieren. Dazu simulierten sie mit freiwilligen Teilnehmern ein Gefängnis mit Wärtern und Insassen. Die Wärter wurden mit echten Uniformen, Gummiknüppeln und Sonnenbrillen ausgestattet, die Insassen bekamen Häftlingskleidung. Die ganze Simulation lief schon nach kurzer Zeit aus dem Ruder, es häuften sich Zwischenfälle und Misshandlungen. Nach sechs Tagen musste das Experiment abgebrochen werden. Extreme Stressreaktionen und Sadismus machten eine Fortsetzung unmöglich. Auch wenn die Kleidung hier kaum als Ursache für das Verhalten der Teilnehmer angesehen werden kann, eine rollenunterstützende Funktion hatte sie sicherlich. Wir müssen nur selbst einmal an die Wirkung eines Polizisten in Uniform denken, der uns in einer Verkehrskontrolle anhält. Wie sehen da eher selten einen gewöhnlichen Menschen vor uns stehen, sondern in erster Linie den Funktionsträger – und der flößt uns schon Respekt ein. Aber nicht nur Uniformen, schon allein das Tragen eines weißen Kittels kann Einfluss auf unser Erleben haben, je nachdem, welche Bedeutung wir dem Kittel geben und zu welcher sozialen Gruppe wir uns dadurch zählen. Eine Studie der Sozialpsychologen Hajo Adam und Adam D. Galinsky zeigt dies eindrucksvoll. Die beiden Forscher baten ihre Versuchsteilnehmer, einen weißen Kittel anzuziehen. Der einen Gruppe stellten sie den Kittel als Laborkittel vor, einer anderen Gruppe als Malerkittel.

Anschließend sollten die Personen einen Leistungstest bearbeiten. Es zeigte sich nun, dass die Teilnehmer mit Laborkittel in dem Test sehr viel besser abschnitten als die mit dem Malerkittel. Offenbar hatte die Bedeutung des Kittels das Verhalten der Teilnehmer in stereotypkonformer Art und Weise verändert. Kleider machen eben Leute! Mit unserem Verhalten und Handeln setzen wir also Zeichen, zu wem wir gehören und zu wem nicht. Und wenn wir uns so verhalten wie die, zu denen wir uns dazugehörig fühlen, uns so kleiden wie die anderen, die gleichen Produkte verwenden und die gleiche Meinung vertreten, dann erleben wir auch mit großer Wahrscheinlichkeit ganz Ähnliches. Und wenn wir dann Ähnliches erleben wie unser Gegenüber oder die Person unserer Wahl, verstehen wir den anderen auch besser. Sein Erleben ist unser Erleben oder kurz gesagt: Ich bin du. Nachahmung ist also ein sehr wirkungsvolles Instrument zur wechselseitigen sozialen Steuerung und Beeinflussung. Nachahmungsprozesse laufen in der Regel unbewusst ab, ohne dass wir uns dafür entscheiden müssten. Wir machen das ständig mit unseren Freunden, Bekannten oder auch mit ganz fremden Menschen, die uns sympathisch sind und von denen wir womöglich gerne als sympathisch wahrgenommen werden wollen.

- **Peter:** „Das erinnert mich gerade an die Zeit, als Lotte und ich ein Paar wurden. Weißt du noch, Lotte? Da haben wir uns auch manchmal gleich oder zumindest ganz ähnlich angezogen."
- **Lotte:** „Stimmt, daran erinnere ich mich. Wir hatten beide so einen schwarzen Pulli, den haben wir lange Zeit getragen. War irgendwie eine schöne Gemeinsamkeit!"
- **Peter:** „Ja, und irgendwie war es uns damals, glaub ich, auch wichtig, den anderen zu zeigen: Seht her, wir sind ein Paar!"

Durch Nachahmung nehmen wir Kontakt miteinander auf. Lächeln Sie jemanden an, dann lächelt der andere häufig zurück bzw. es fühlt sich regelrecht unangenehm an, wenn der andere diese Kontaktaufnahme verweigert, indem er eben nicht zurücklächelt. Spricht der andere leise, dann tun wir es ihm gleich. Die neuen Medien, über die wir seit einiger Zeit sehr viel miteinander kommunizieren, sind aus dieser Perspektive sehr interessant. Denn was passiert eigentlich, wenn wir den anderen bei der Kommunikation gar nicht vor uns haben und wenn wir nicht nur mit einer Person oder kleinen Gruppe kommunizieren, sondern gleichzeitig mit sehr vielen Freunden und Bekannten? Wir werden später noch näher darauf eingehen, nun aber zurück zum Nachahmen. Am häufigsten ahmen wir im Allgemeinen Personen aus unserer unmittelbaren Umgebung nach – unseren Lebenspartner beispielsweise, und das mit verblüffenden Langzeitfolgen. So konnten Forscher um den Psychologen Robert Zajonc zeigen, dass sich die Gesichter von Ehepartnern, die 25 Jahre und länger miteinander zusammen sind, mehr ähneln als zu Beginn der Ehe. Aus gutem Grund, denn wenn beide empathisch sind, dann ahmen sie sich auch mimisch nach, was zu einer ähnlichen Gesichtsmuskulatur führt. Ebenfalls interessant ist an diese Stelle der Hinweis darauf, dass für viele Schauspieler dieses Nachahmen Teil ihres Geschäfts ist. Gute Schauspieler spielen nicht etwa nur eine Rolle, vielmehr werden sie zur Rolle, erleben, was die Rolle vorgibt. Dies kann dadurch erreicht werden, dass sich der Schauspieler mit der Rolle identifiziert, also die Situation und Handlung aus Sicht der Rolle wahrnimmt und/oder die eigenen Gefühle quasi darauf spiegelt. Der Schauspieler imaginiert sich bzw. die eigenen Erfahrungswelten also in die Welt der Rolle hinein und verwandelt sich durch diese Vorstellung zum Rollenträger. So wird von Robert de Niro erzählt, dass er für die Rolle des Boxers Jake la Motta in dem 1979 gedrehten Film „Wie ein wilder Stier" viele Monate gemeinsam mit dem echten Jake la Motta trainierte und sogar 30 kg zunahm, um dem „Original" gerecht zu werden. Auch fuhr er für seinen drei Jahre zuvor gedrehten Film „Taxi Driver" selber eine Zeit lang Taxi. Zum Glück hat uns die Natur mit hervorragenden Werkzeugen ausgestattet, um empathisch zu sein. Nach neuen wissenschaftlichen Erkenntnissen kann diese grundlegende Fähigkeit, uns in die Gedanken und Gefühlswelten anderer hineinzuversetzen, auf einen neurobiologischen Wirkmechanismus zurückgeführt werden, den nicht nur wir Menschen besitzen, sondern beispielsweise auch Primaten, Affen also. Bei Letzteren wurde er auch entdeckt, das aber eher zufällig. Die Forschergruppe um den italienischen Neurowissenschaftler Giacomo Rizzolatti untersuchte nämlich vor gut 25 Jahren eigentlich das Zusammenspiel zwischen Wahrnehmungsprozessen einerseits und motorischen Prozessen andererseits, konkret also was im Gehirn des Affen passiert, wenn er beispielsweise eine Nuss greift. Dabei machten sie eine bahnbrechende Beobachtung: Bestimmte Nervenzellen, die aktiv wurden, wenn der Affe nach der Erdnuss griff, feuerten auch dann, wenn der Affe selbst gar nichts machte, aber beobachtete, wie ein Teammitarbeiter diese Handlung durchführte. Der Affe spiegelte also das Verhalten des Mitarbeiters. Später konnten die Forscher auch beim Menschen ein entsprechendes Resonanzsystem entdecken. Heute gilt für uns als erwiesen: Das System der Spiegelneuronen ist eine ganz fundamentale Grundausstattung unseres Gehirns und nicht nur Voraussetzung für Empathie und soziales Verhalten, sondern auch für den Spracherwerb. Wie sehr die Spiegelneuronen unser Erleben beeinflussen, ist nicht nur durch den weiter oben beschriebenen Chamäleon-Effekt belegt. Denn ganz alltägliche Erfahrungen lassen uns der Arbeit der Neuronen beinahe zusehen, beispielsweise dann, wenn uns jemand erzählt, wie er sich mit einem langen scharfen Messer in den Finger geschnitten hat. Selbst wenn wir nichts davon sehen, lässt uns die Erzählung darüber vielleicht das Gesicht verziehen und womöglich sogar einen Hauch davon spüren, wie es war, als wir uns selbst einmal in den Finger geschnitten haben. Eventuell läuft dem ein oder anderen sogar jetzt, beim Lesen darüber, ein kalter Schauer über den Rücken. Und vielleicht haben wir gerade einen ähnlichen Gesichtsausdruck wie das echte Opfer. Oder man schlägt die Hände vors Gesicht, um sich vor lauter erlebter Peinlichkeit den Blicken der anderen zu entziehen, so wie es Lotte tat, als Peter von seinem Missgeschick erzählte. Lotte hat quasi das, was Peter schilderte, so erlebt, als wäre sie selbst in der Situation gewesen. Sie konnte sich sehr gut vorstellen, wie peinlich das gewesen sein musste. Und das Erleben drückt sich dann auf allen Ebenen aus – in Gedanken, Gefühlen oder auf der Körperebene. Das lässt sich auch von außen gut beobachten, wenn wir beispielsweise andere beim Fernsehschauen beobachten. Dabei kann man nämlich gut erkennen, dass sich im Gesicht des Zuschauers häufig das aktuelle Geschehen widerspiegelt. Testen Sie das einmal an Ihrem Partner oder einem Freund: Es kann gut sein, dass Sie an seinem Gesicht erkennen, was er gerade sieht. Wird z. B. im Film gelacht, dann lächelt auch er, geschieht etwas

Schlimmes, dann lässt sich auch das an seinem entsetzten Gesichtsausdruck erkennen.

Fazit: Empathie erlaubt uns, die Grenzen unserer Welt zu sprengen und die Welt unseres Gegenübers zu betreten. Und das ist der Schlüssel für erfolgreiche Kommunikation. Wenn ich nämlich die Perspektive, Motivationslage, Gedanken und Gefühle meines Gegenübers kenne, dann gelingt es mir mit größerer Wahrscheinlichkeit, so mit ihm zu kommunizieren, dass er auch versteht, was ich meine. Ich kommuniziere ihm dann meine Botschaft so, wie auch er sie selbst kommuniziert oder kommunizieren würde.

> **Reflexion**
>
> Probieren Sie doch einfach mal Folgendes aus. Beim nächsten Einkaufsbummel ziehen Sie die teuerste Jacke an, die Sie im Angebot finden können, und schlendern damit durch das Geschäft. Versuchen Sie einmal genau wahrzunehmen, wie Sie sich dabei fühlen. Anschließend machen Sie es umgekehrt: Ziehen Sie nun die billigste Jacke an und betrachten sich im Spiegel. Sie werden womöglich überrascht sein, wie unterschiedlich sich das anfühlt!

9
„Maschinelle Empathie"

Wer Strategien erfolgreich entwickeln und umsetzen will, muss die Bedürfnisse und Wünsche seiner Kunden genau kennen. Ob es darum geht, Wachstumschancen zu identifizieren oder neue Produktangebote zu entwickeln, ob Akquisitionsziele bewertet oder Outsourcing-Optionen geprüft werden sollen – stets kommt es entscheidend darauf an, zu verstehen, was die Kunden wollen und was ihr Verhalten bestimmt.

The Boston Consulting Group (www.bcg.de)

> Lotte liest gern und viel und braucht daher ständig neue Lektüre. Mittlerweile bestellt sie ihre Bücher meistens im Internet. Das ist praktisch, weil sie es jederzeit tun kann und dabei immer auch einen Blick auf die Empfehlungen wirft, die ihr dort gegeben werden. Darunter befinden sich immer ein paar Bücher, die wirklich spannend sind. Auch heute wird sie fündig. Anschließend macht sie ihren Computer aus und geht zu Peter ins Wohnzimmer. Peter entsorgt gerade die verblühten Rosen.
>
> - **Peter:** „Ah, Lotte. Es macht dir hoffentlich nichts aus, ich hab die Rosen weggeworfen."
> - **Lotte:** „Ist ok, danke! Ich hatte mir das auch schon vorgenommen, sie waren ja total verwelkt."
> - **Peter:** „Na, ich dachte mir schon, dass sie dir nicht mehr gefallen. Ich hätte sie auch noch stehen gelassen, aber ich kenne dich ja mittlerweile! Das magst du gar nicht!"

- **Lotte**: „Apropos gut kennen. Das ist schon Wahnsinn, wie die das im Internet machen. Die Empfehlungen, die ich da bekomme, passen eigentlich ganz gut zu meinem Geschmack! Geht dir das auch so?"
- **Peter**: „Welche Empfehlungen?"
- **Lotte**: „Na, wenn du ein Buch bestellst, dann steht da drunter doch immer so was wie 'Das könnte Sie auch interessieren' oder so."
- **Peter**: „Ach so, die Empfehlungen! Ja, das kenne ich. Vieles, was die mir da anbieten, habe ich sogar schon!"
- **Lotte**: „Wie machen die das eigentlich?"
- **Peter**: „Hm, keine Ahnung."

Es ist in der Tat erstaunlich, was wir tagtäglich im Internet erleben. Da werden uns Kaufempfehlungen gegeben, die teilweise verblüffend gut unseren Geschmack treffen. Und schon bei der einfachen Recherche über Suchmaschinen fällt uns auf, dass die Werbung, die eingeblendet wird, offenbar mit unserer Suchanfrage etwas zu tun hat. Mehr noch: Wer beispielsweise nach einem bestimmten Produkt gesucht hat, bekommt womöglich Tage später auf einer ganz anderen Internetseite genau dazu Werbung präsentiert oder findet sogar in seinem Briefkasten entsprechende Post. Was passiert da eigentlich und wie funktioniert das? Es wird Zeit, nach Lurx Ausschau zu halten, der das sicherlich besser versteht als wir.

- **PMB**: Lurx? Bitte kommen!
- **Lurx**: „Ja, schon da! Was gibt's?"
- **PMB**: Lurx, ich bin immer wieder erstaunt, wie du das machst. Kaum hab ich an dich gedacht, schon bist du da! Na ja, ich werde es wohl nie so richtig verstehen. Egal, ich brauch dich noch mal, es geht um das Internet und die Frage, wie die es eigentlich schaffen, uns Empfehlungen zu geben, die zu uns passen, und entsprechende Werbung für Produkte zu präsentieren. Kannst du das erklären?

- **Lurx**: „Nichts einfach als das!"
- **PMB**: Ok, dann mal los!
- **Lurx**: „Es ist im Prinzip ganz einfach. Stell dir einfach vor, man erfasst und beobachtet dein ganzes Verhalten. Wenn man das eine Weile getan hat, wird es mit einiger Sicherheit gelingen, dein zukünftiges Verhalten vorherzusagen. Nicht in jeder einzelnen Situation, aber im Großen und Ganzen schon."
- **PMB**: Ja, ok, das verstehe ich, denn vergangenes Verhalten ist ein guter Prädiktor für künftiges Verhalten. Das machen sich ja beispielsweise auch die Einbrecher zunutze. Sie beobachten ihr Opfer ein paar Tage und können dann ganz gut abschätzen, wann sie freie Bahn haben. Wir Menschen sind eben Gewohnheitstiere.
- **Lurx**: „Stimmt!"
- **PMB**: Aber eine Internetseite kann mich ja nicht beobachten.
- **Lurx**: „Ja und nein. Natürlich können die dich nicht beobachten, so wie du beobachtest. Aber sie können jede Aktion festhalten, die du tätigst: wie lange du auf welcher Seite warst, welche Produkte du angesehen hast, was du gesucht hast, um welche Links die Maus wie lange kreiste, was du bereits bestellt hast, was du angesehen, aber nicht bestellt hast ... und so weiter."
- **PMB**: Ja, und dann?
- **Lurx**: „Na ja, jetzt muss man im Prinzip nur noch schauen, was andere User tun, die ähnliche Daten wie du generiert haben. Wenn man von der Prämisse ausgeht, die ich dir ja vorhin schon erläutert habe, dass Menschen in ihrer Machart und Funktionsweise so unterschiedlich nicht sind, dann kann ich mit jeder Aktion von dir, die ich anschließend mit den Aktionen anderer User vergleiche, immer besser vorhersagen, was du wohl als Nächstes tun wirst. Ich erstelle einfach so etwas wie ein Profil, eine Konsumtypologie, die mir dann sagen kann: Wer dieses und jenes gekauft hat, ist vermutlich auch an dem und dem interessiert. Wenn ich dann auch noch andere Informationen über den Käufer habe, beispielsweise sein Alter oder Geschlecht, kann ich immer genauer und präziser vorhersagen, was als Nächstes geschehen wird."

- **PMB**: Ok, das heißt, mit jedem Schritt, den ich im Internet mache, werde ich zunehmend gläsern und vorhersagbar.
- **Lurx**: „Ja genau! Man kann in euch lesen wie in einem offenen Buch. Das Tolle daran ist – aus Sicht eines Menschenkundlers wie mir bzw. aus Sicht eurer Marketingfachleute –, dass ihr diese ganzen Daten freiwillig zur Verfügung stellt, in euren sozialen Netzen, in euren Messenger-Apps, in euren E-Mails und bei eurer Internetsuche. Man muss gar nichts machen, nur sammeln und analysieren."
- **PMB**: Puh. Das ist mir irgendwie unheimlich. Zum Glück erledige ich doch noch vieles außerhalb des Internets.
- **Lurx**: „Da mach dir mal keine Illusionen. Sicher benutzt du eine Payback- oder andere Kundenkarten, besitzt eine Kreditkarte und hast dich auch sonst bei verschiedenen Diensten als Kunde angemeldet."
- **PMB**: Ja, stimmt. Na und?
- **Lurx**: „Ja, nichts ‚na und', auch da hinterlässt du Spuren. Deine Einkäufe werden registriert, deine Zahlungsmoral ebenfalls. Es gibt sehr viele, die an deinem Verhalten, deinen Entscheidungen größtes Interesse haben. Denn je besser sie dein Verhalten kennen, umso besser kennen sie dich und desto besser können Sie mit dir kommunizieren. Empathie ist hier das Stichwort, mein Lieber!"
- **PMB**: Hm. Das muss ich mir jetzt wirklich mal etwas genauer ansehen. Danke dir erst mal für die Auskunft!
- **Lurx**: „Gern geschehen! Aber, erlaub mir noch eine Bemerkung. Ihr Menschen seid schon echt komisch. Ich erinnere mich noch gut an vorhin: Bei euch war es das Jahr 1987, da gab es in Deutschland eine Volkszählung, die massiven Protest auslöste."
- **PMB**: Ja, daran kann ich mich auch noch erinnern. Viele Menschen waren damals dagegen, gegen diese Form der Überwachung. Das Befragungsformular musste sogar angepasst werden, damit die Anonymität der Befragten gewahrt blieb.
- **Lurx**: „Genau! Und jetzt? Heute scheint das niemanden mehr zu kümmern, im Gegenteil: Ihr gebt eure Daten freiwillig her, und zwar nicht etwa nur so harmlose Angaben wie Alter oder Geschlecht, nein – eure tiefsten Gefühle, Gedanken, Wünsche, all das gebt ihr preis!"
- **PMB**: Tja, dazu fällt mir gerade auch nichts Schlaues ein.

Das, was von Lurx hier angesprochen wird, ist in der Tat ein wesentlicher Bestandteil des sogenannten Online-Marketings. Unser Verhalten im Internet wird von allen möglichen Seiten erfasst. Ziel ist es, den Benutzer besser kennenzulernen, um ihm dann bedarfsgerechte Werbung und andere Angebote zu unterbreiten. Personalisierung könnte man diesen Prozess auch nennen. Warum jemandem Informationen liefern, die er gar nicht möchte? Viel besser wäre es doch, wenn man wüsste, wen man vor sich hat, um ihm nur das anzubieten, was er dann auch haben möchte. Im Internet spricht man hier von *Online-Targeting* und meint damit das dynamische und zielgruppenorientierte Einblenden von Werbung. Je mehr Informationen über den Nutzer vorhanden sind, desto besser ist die Trefferquote, also die interessengenaue Ansprache. Dazu bedient man sich etwa des sogenannten *Trackings*, einem Verfahren zur Online-Informationsgewinnung. So lässt sich leicht feststellen, von welcher Internetseite der Nutzer gerade gekommen ist, welche Suchbegriffe er vorher eingegeben hat, wie lange er auf den Seiten verweilt, welchen Browser er verwendet, aus welchem Land er kommt und über welchen Angeboten er seine Maus platziert. Im Prinzip ist das alles die technische Umsetzung dessen, was wir bisher besprochen haben. Kommunikation ist dann erfolgreich, wenn Sender und Empfänger die gleichen Bedeutungen teilen bzw. wenn der Sender die Bedeutungskonstruktionsweise des Empfängers kennt. Hat der Sender ein starkes Interesse daran, dass der Empfänger seine Botschaft auch versteht, dann ist es förderlich, dass er den Empfänger, seine Wünsche, Ideen, Vorstellungen, Emotionen, kurz, seine Welt kennt. Denn dann kann er seine Kommunikation dahingehend optimieren.

Das lässt sich in gewisser Weise auch durch Maschinen bzw. Algorithmen und entsprechende Datenbestände erreichen. Da unser Verhalten ein so guter Prädiktor für unsere Meinungen, Einstellungen, Gedanken und Gefühle ist, muss ich nichts weiter tun, als das Verhalten zu messen und daraus ganz mechanisch meine Ableitungen zu erstellen. Und schon habe ich die Wahrscheinlichkeit drastisch erhöht, dass ich jemanden so anspreche, dass er sich davon auch angesprochen fühlt. In der Marketingsprache redet man hier auch von Zielgruppensegmentierung. Man versucht die Konsumenten in verschiedene Typen zu unterteilen, die sich hinsichtlich ihres Kaufverhaltens, ihres Lebensstils oder anderer Dimensionen ähneln. Je ähnlicher sich die Konsumenten sind, desto ähnlicher ihre Konsumwünsche – für Hersteller und Marketeers eine wunderbare Ausgangslage. Damit können sie ein und dasselbe Produkt global auf die gleiche Art und Weise vermarkten. Der Weg zum standardisierten Konsumenten ist längst eingeschlagen. Ganz augenscheinlich wird das im Übrigen, wenn man sich die Innenstädte unserer Städte betrachtet. Egal ob Berlin, Hamburg, Barcelona, Rom, Stockholm oder Paris, überall kann man die gleichen Geschäfte finden, Filialen weltweit agierender Geschäftsketten … und die immer gleichen Produkte.

Eine der bekanntesten Zielgruppen-Typologien sind die Sinus-Milieus. Sie wurden bereits Ende der 1970er Jahre entwickelt und seitdem immer weiter verfeinert, um die Lebenswelt und den Lebensstil von Zielgruppen besser und vor allem ganzheitlich zu beschreiben. In die Bestimmung der einzelnen Milieus fließen Kriterien wie soziale Lage, Arbeit, Gesellschaftsbild, Familie und Partnerschaft,

Gesundheit, Wünsche und Lebensstil ein. Aktuell lassen sich auf diese Weise zehn verschiedene Milieus unterscheiden. Eine Person aus dem Milieu „Bürgerliche Mitte" kann man beispielsweise folgendermaßen beschreiben: Als Grundhaltung passt zu ihr die Aussage: „Wenn ich weiß, dass ich noch Arbeit habe, kann ich mich nicht auf das Sofa setzen und fernsehen." Ihr Leben ist geprägt durch das „unerschütterliche Festhalten an alten Traditionen und Konventionen". Disziplin und Ordnung sind wichtige Eckpfeiler ihres Lebens. Sie besitzt ein starkes Sicherheitsbedürfnis. Ihr Lebensstil ist bescheiden und traditionsbewusst. Sie wandert gerne – und am Wochenende wird gebacken und gebastelt. Ihr Konsumverhalten kann man als konservativ bezeichnen. Hat sie sich einmal für eine Marke entschieden, bleibt es dabei. Wer jetzt noch keine erlebbare Vorstellung von dem Leben in der bürgerlichen Mitte besitzt, der kann sich der sogenannten Wohnwelten bedienen, einer fotografischen Visualisierung prototypischer Wohnzimmer der verschiedenen Milieus. Wer diese Fotos betrachtet, erlebt unmittelbar und ganz physisch, wie diese Personentypen gestrickt sind, was sie denken, welche Meinung und Einstellung sie haben. Anhand dieser Wohnzimmer lassen sich jetzt viel treffsicherer Ideen für Produkte oder entsprechende Werbung generieren – für die Werbemacher ein gefundenes Fressen. Im Prinzip handelt es sich also beim *Online-Targeting* oder solchen Typologien um den Versuch, über Such- und Gruppierungsalgorithmen automatisiert so etwas wie „maschinelle Empathie" zu erzeugen. Und das scheint sehr gut zu funktionieren. Dabei stellen sich natürlich viele Fragen, etwa inwieweit wir uns als User dadurch leiten und lenken lassen. Wenn es wenigen gelingt, vielen in die Köpfe zu schauen – um es einmal drastisch auszudrücken –, dann ist durchaus die Frage berechtigt, was die wenigen mit den vielen da machen wollen und ob uns das eigentlich alles so recht sein kann.

- **Lotte**: „Oh je, also mir macht das irgendwie Angst!"
- **Peter**: „Mich erinnert das an George Orwells Roman ‚1984'!"
- **Lotte**: „Na ja, so schlimm wird das ja wohl nicht sein!"
- **Peter**: „Kann man nur hoffen!"

Ob die Hoffnungen bzw. Befürchtungen Peters und Lottes berechtigt sind? Das hängt wohl nur davon ab, was wir als schlimm betrachten wollen. Denn eines scheint zumindest auf der Hand zu liegen: Wenn ich möglichst viele Menschen bedarfs- und bedürfnisgerecht ansprechen möchte, dann ist das Wissen um deren Verhalten, Denken und Fühlen eine wahre Goldgrube. Kein Wunder also, dass viele der wertvollsten Unternehmen weltweit unmittelbar mit dem Sammeln und Verarbeiten von Daten ihr Geld verdienen. Apple, Google, IBM oder auch Facebook – alle diese Unternehmen wetteifern schon heute um die Daten ihrer Nutzer. Und für die Investoren ist längst klar: Daten sind das Öl der Zukunft.

Reflexion

Ist Ihnen auch schon einmal aufgefallen, dass Sie im Internet Werbung sehen, die etwas mir Ihrem Suchverhalten zu tun hat? Und ist Ihnen dabei der Gedanke gekommen, dass dadurch auch Ihr Verhalten gelenkt werden kann? Suchen Sie doch einfach mal als Test im Internet nach einem Produkt, das Sie gar nicht kaufen möchten. Starten Sie dazu mehrmals eine Suchanfrage. Nach einiger Zeit wird Ihnen vielleicht Werbung zu genau diesem Produkt ins Auge fallen. Alles kein Zufall! Was denken Sie darüber? Und warum, glauben Sie, kaufen Sie die Produkte, die Sie kaufen? Weil sie gut sind? Weil sie Qualität besitzen? Weil sie preiswert sind? Wirklich? Oder sind das alles nur Argumente, die der Werbung entlehnt wurden?

10
Mehr oder weniger Empathie

…man höre sich nur an, wie die Menschen, die unverhofft Zeugen tödlicher Unfälle oder eines Mordes geworden sind, ihre Worte wählen. Sie sagen immer das Gleiche, es war vollkommen unwirklich, selbst wenn sie das Gegenteil meinen. Es war so wirklich. In dieser Wirklichkeit leben wir jedoch nicht mehr. Für uns ist alles auf den Kopf gestellt, für uns ist das Wirkliche unwirklich, das Unwirkliche wirklich geworden.
Aus „Sterben" von Karl Ove Knausgård

Jetzt brauchen Peter und Lotte erst mal Entspannung. Das war doch alles ziemlich aufregend. Zum Abschalten haben sie den Fernseher angemacht, sich mit belegten Schnittchen und Getränken versorgt. Nach den Nachrichten wollen sie sich einen Spielfilm ansehen. Die Nachrichten beginnen mit einigen Meldungen zur Innenpolitik. Beide kommentieren hin und wieder die Aussagen des Nachrichtensprechers. Nach den politischen Meldungen wird von einem Flugzeugabsturz in Indonesien berichtet. Alle Insassen sind dabei ums Leben gekommen. Man sieht Aufnahmen von Trümmern. Peter steht auf und geht zum Kühlschrank. „Willst du auch noch was aus der Küche?", ruft er Lotte zu. „Nein danke, hab alles", meldet Lotte zurück. Als Peter zurückkommt, sieht er gerade, wie ein Auto aus einem See gezogen wird. Der Reporter berichtet, dass sich ganz in der Nähe von Lottes und Peters Haus ein Unfall mit Todesfolge er-

> eignet habe. „Wie furchtbar!", murmelt Lotte, die wie gebannt auf den Bildschirm starrt. „Ich will gar nicht hinschauen. Stell dir das mal vor, das ist doch auf der Strecke zu deinen Eltern!", sagt Peter. Beiden ist ganz mulmig zumute. „Und jetzt das Wetter!"

Lotte und Peter kennen einander ziemlich gut. Sie sind ja auch schon einige Jahre zusammen. Sie wissen, was der andere mag und was er nicht mag und wie er in bestimmten Situationen reagiert. Zudem haben Lotte und Peter gemeinsame Interessen. Man könnte sagen, Lotte und Peter sind häufig „auf der gleichen Wellenlänge", oder anders formuliert: Sie halten sich häufig in der gleichen Welt auf. Das ist für ihre gemeinsame Kommunikation förderlich. Trotzdem gibt es hin und wieder – wir haben es ja gemeinsam schon erlebt – Missverständnisse und Streit bei unserem Paar. Dann verhalten sie sich wenig empathisch dem anderen gegenüber und achten stattdessen in erster Linie auf sich selbst. In anderen Situationen dagegen denken sie nur an den Gegenüber oder ihnen wichtige Menschen. Und in wieder ganz anderen Situationen erleben sie bei der Betrachtung fremder Menschen keine Empathie, häufig gar nichts oder sogar Abgrenzung und Abneigung. Empathie ist also offenbar etwas, was wir nicht immer erleben, auf das wir nur manchmal zurückgreifen ... und manchmal eben auch nicht. Wir sind also nicht immer und nicht in jeder Situation empathisch, weder anderen noch uns selbst gegenüber. Vielleicht bringt uns Empathie ja nur in bestimmten Situationen Vorteile und ist in anderen eher nachteilig?

Zunächst einmal fällt uns Empathie dann besonders leicht, wenn uns jemand ähnlich ist, denn dann braucht es nicht viel, um die Gedanken und Gefühle des anderen zu erkennen. Wir verstehen ihn dann ohne Umwege. Für uns selbst gilt das im besonderen Maße, denn uns kennen wir vermutlich von allen Menschen am besten. Und wenn wir etwa in Selbstmitleid baden oder stolz auf uns sind, dann sind wir empathisch uns selbst gegenüber. Wir sind Beobachter und Beobachteter zugleich, voll und ganz eins mit uns. Und auch bei anderen Menschen geht es uns manchmal so, dass wir uns ihnen ganz nahe fühlen, manchmal sogar eins mit ihnen sind, wenn wir uns beispielsweise mit der gleichen Sache beschäftigen oder dem gemeinsamen Genuss hingeben. Dann ist unsere Aufmerksamkeit auf die gemeinsame Tätigkeit fokussiert, die geteilte Welt verdichtet sich im gemeinsamen Tun. Wir freuen uns oder leiden dann mit dem anderen. Und ganz im Gegensatz zu dem, was uns das bekannte Sprichwort „Geteiltes Leid ist halbes Leid!" nahelegt, müsste es korrekterweise lauten: Geteiltes Leid ist doppeltes Leid, ebenso wie geteilte Freude doppelte Freude ist. Empathie verstärkt nämlich das gemeinsame Erleben. Wenn sich zwei Personen in ihren Gedanken, Gefühlen und Verhaltensweisen spiegeln, dann ist das Verhalten des jeweils anderen immer auch ein Hinweis oder gar eine Aufforderung, Ähnliches zu erleben. Bei Gefühlen spricht man hier auch von emotionaler Ansteckung, die das Erleben intensiviert. Denken Sie nur einmal daran, wie es ist, wenn Sie durch eine schöne Landschaft spazieren oder fahren. Bestimmt haben Sie dabei auch schon erlebt, dass es sich ganz unterschiedlich anfühlt, je nachdem, ob Sie allein oder in Begleitung sind. Wenn wir uns mitteilen können und der andere ähnliche Begeisterung zeigt, dann ist auch unser eigenes Erleben viel intensiver. Darum sind

Konzerte und andere Events, bei denen wir unsere Freude und unseren Genuss mit anderen ganz offen teilen können, solch besondere Erlebnisse für uns. Und manchmal, wenn wir mit jemandem mitfühlen, verschwimmen die Grenzen zwischen uns und dem anderen sogar völlig. Sein Erleben wird zu meinem Erleben – ein gemeinsames *Flow*-Erlebnis, könnte man dazu auch sagen.

Hin und wieder täuschen wir uns dabei jedoch auch, beispielsweise wenn zwar unsererseits der Wunsch besteht, den anderen zu verstehen, wir aber seine Situation und seinen Zustand falsch interpretieren. Wir glauben dann nur empathisch zu sein, sind aber viel zu sehr mit uns selbst beschäftigt, als dass wir den anderen erreichen würden. Reagiert der andere dann aus unserer Sicht unerwartet, kann dies schnell zu Enttäuschungen führen, genauso wie bei Peter, als er Lotte zu Beginn des Buches am Bahnhof abholte. Peter hatte damals angenommen, dass Lotte sich wie er auf das Wiedersehen freut und dabei die gleichen Gedanken, Wünsche und Fantasien hat. Das war bei Lotte aber nicht der Fall, und das enttäuschte Peter. Und schuld daran war aus Peters Sicht Lotte, was ihn wiederum ärgerte. Dabei war Peter einfach zu sehr mit seinen eigenen Wünschen und Bedürfnissen beschäftigt und blind für die Wünsche Lottes. Über einen anderen enttäuscht zu sein, ist vor dem Hintergrund dessen, was wir bisher festgestellt haben, vermutlich in den meisten Fällen unfair, denn unsere Enttäuschung basiert schlicht und ergreifend auf der völlig falschen Annahme, der andere wäre bei seinem Handeln und Verhalten von den gleichen Voraussetzungen ausgegangen wie wir. Das ist er aber in der Regel nicht. Genau genommen enttäuscht uns daher nicht der andere, sondern wir

„ent-täuschen" uns im wahrsten Sinne des Wortes selbst, indem wir einsehen müssen, dass unsere Annahmen über den anderen falsch waren. Das aber können wir ja nicht dem anderen vorwerfen, wir müssten vielmehr über uns selbst verärgert sein, weil wir den anderen durch die Brille unserer Erwartungen betrachtet haben. Wie soll der andere diese Erwartungen überhaupt erfüllen können? Wir haben sie ihm ja noch nicht einmal mitgeteilt! Wir erwarten einfach vom anderen, dass er genau weiß, was wir von ihm wollen. Das ist ein schlichtweg unmöglich zu erfüllender Wunsch! Aber genau das in dieser Situation einzusehen, fällt uns unglaublich schwer. Gegen unseren Wunsch ist da kein Kraut gewachsen. Eigentlich war Peter also nur zu wenig empathisch mit Lotte, weil er vor allem empathisch mit sich selbst war und daher nur sich fokussierte. Auch in anderen Situationen sind wir alles andere als empathisch, z. B. wenn wir jemanden nicht mögen, er uns unbekannt ist, er uns im Moment nicht interessiert oder wenn seine Welt aus anderen Gründen gerade keine Berührungspunkte zu unserer eigenen Welt hat, so wie wenn wir in den Nachrichten (wie eingangs des Kapitels auch Peter und Lotte) erfahren, dass irgendwo auf der Welt etwas Schlimmes passiert ist. Das ist viel zu weit weg von uns, als dass es uns berühren würde. Es kümmert uns nicht, es betrifft uns nicht und wir erleben auch nicht im Entferntesten, was die anderen vor Ort erleben oder erlebt haben. Womöglich wird uns unser Wissen über die Welt noch sagen, dass dies ein besonders schlimmes Ereignis ist, aber wir werden es nicht fühlen. Das ändert sich, sobald die Ereignisse in unserer Nähe ablaufen und wir den Gedanken haben, dass auch uns oder einem lieben Menschen das Gleiche passieren könnte. Oder wenn wir beispielsweise auf ein Einzelschicksal hingewiesen werden. Auch das rührt uns an, wir merken, dass ein Mensch leiden muss, ein Mensch wie wir mit Träumen, Gedanken, Gefühlen, Wünschen, Freunden. In dem Moment identifizieren wir uns mit dem Opfer und dabei entsteht dann wieder Empathie.

- **Lotte:** „Ja, das stimmt schon. Ein Unglück in der Nachbarschaft geht einem schon mehr an die Nieren, als wenn das nur eine Meldung aus der Presse ist."
- **Peter:** „Das ist aber irgendwie auch gut so, wir bekämen ja sonst keine Luft mehr bei all dem, was auf der Welt passiert."
- **Lotte:** „Hm, schon, aber bei so manchen Entscheidungen wäre es vielleicht ganz gut, wenn man sich vorher in die Betroffenen hineinversetzen würde!"
- **Peter:** „Allerdings!"

In den Medien, insbesondere im Fernsehen, macht man sich den geschilderten Zusammenhang zwischen Nähe, Identifikation und Empathie zunutze, wenn es darum geht, die Zuschauer emotional anzurühren. Eine Nachricht bleibt so lange trocken und emotional unwirksam, wie sie die Zuschauer emotional nicht berührt. Ein einfaches Mittel, um das zu bewerkstelligen, besteht darin, auf Nachrichten zu setzen, die dem Zuschauer einen Bezug zu sich selbst ermöglichen, etwa weil sie ein Ereignis in der geografischen Nähe betreffen oder weil es um Personen geht, mit denen sich der Zuschauer auf irgendeine Art und Weise vergleichen bzw. identifizieren kann oder – ganz technisch – weil Personen in Nahaufnahme gezeigt werden. Denn über die

Mimik werden Emotionen ausgedrückt. Und ein Mensch, der Emotionen zeigt, lässt einen anderen Menschen nicht kalt. Wir leiden oder freuen uns mit. Und genau das ist im Sinne der Zuschauerzufriedenheit auch gewünscht. Programme, die uns kalt lassen, sind uninteressant – wir schalten weiter. Generell können wir also davon ausgehen, dass Empathie durch Identifikation entsteht, oder anders formuliert: Empathie kann nur mit einer assoziierten Person entstehen, also mit jemandem, der wir uns auf irgendeine Weise verbunden fühlen. Damit eröffnet uns das empathische Miterleben auch eine Chance, nämlich durch den anderen neue Welten kennenzulernen, die wir ohne ihn womöglich nie betreten hätten. Empathie sorgt im besten Fall für ein gegenseitiges Aufeinanderbezogensein. Oder um hier noch einmal die Quantenphysik zu bemühen: Nach Albert Einstein wäre Empathie dann diese „spukhafte Fernwirkung", welche Lotte augenblicklich ebenso fühlen lässt wie Peter, wenn sie sieht, dass er sich freut oder traurig ist. Fühlen wir uns dagegen getrennt vom anderen, sind wir dissoziiert, also unverbunden, und sehen vor allem den Unterschied, dann hat es Empathie schwer.

Reflexion

Wie war das, als Sie das letzte Mal von jemandem enttäuscht waren? Haben Sie ihm das gesagt? Wie hat er darauf reagiert? Warum waren Sie enttäuscht? Welche Erwartungen hatten Sie an den anderen? Wie kamen Sie zu diesen Erwartungen? Kannte der andere Ihre Erwartungen? Und umgekehrt, wann war jemand von Ihnen enttäuscht? War das gerechtfertigt?

11
Soziale Vergleiche und Empathie

Setzen wir uns dagegen (…) an die Stelle des fremden Ich, indem wir es verdrängen und uns mit seiner Situation umgeben, so gelangen wir zu einem dieser Situation „entsprechenden" Erlebnis und, indem wir dann dem fremden Ich seine Stelle wieder einräumen und ihm jenes Erlebnis zuschreiben, zu einem Wissen um sein Erleben.
Aus „Zum Problem der Einfühlung" von Edith Stein

Lotte schüttelte den Kopf über Peter. Warum war er vorhin nur so unfreundlich zu ihr gewesen? Eigentlich hatte der Tag doch schön begonnen. Sie hatten beide frei, wollten zuerst ein bisschen im Garten arbeiten und dann den Tag ganz entspannt auf sich zukommen lassen. Aber irgendwie war Peter heute alles andere als gut gelaunt. Und jetzt schnauzte er auch noch ihren Nachbarn an, nur weil der es gewagt hatte, seinen Wagen auf ihrem Stellplatz zu parken. Lotte war das wirklich peinlich, am liebsten hätte sie sich in Luft aufgelöst. „Dass Peter sich bei solchen Sachen einfach nicht im Griff hat", dachte sie. „Wie grundverschieden wir beide doch sind. Manchmal frage ich mich echt, wie wir es schon so lange miteinander ausgehalten haben."

Sie nahm sich vor, Peter in den nächsten Stunden besser aus dem Weg zu gehen. Am selben Tag trafen sie sich abends mit Thomas und Lara. Die beiden hatten ganz spontan angerufen und da Lotte und Peter sowieso nichts weiter vorhatten, sagten sie zu. Zuerst waren sie ins Kino gegangen und danach hatten sie noch eine Kleinigkeit miteinander gegessen. Dabei war es wie schon so oft: So richtig toll fanden sie den Abend nicht. Es hatte sich so gar kein ernsthaftes Gespräch ergeben. Thomas und Lara waren wirklich nett, aber eben doch ganz anders, pflegten andere Interessen, mochten andere Filme und hatten auch sonst ganz unterschiedlichen Geschmack. „Wie schön es doch ist, mit jemandem zusammen zu sein, mit dem man so viel gemein hat und sich auch über wichtige Dinge austauschen kann," dachten Peter und Lotte gleichermaßen, als sie ihre Freunde verabschiedet hatten. Hand in Hand liefen sie nach Hause. Die Missstimmung vom Morgen war da schon längst wieder vergessen.

Es gibt Situationen, in denen wir uns einem anderen Menschen nahe fühlen, in anderen Situationen dagegen fällt uns auf, wie grundverschieden der andere ist, wie entfernt von uns und unserem Leben. Fühlen wir uns einem Menschen verbunden, sind wir mit ihm assoziiert, dann erleben wir Empathie. Und Empathie führt wiederum zu Verbundenheit – ein sich gegenseitig verstärkender Prozess. Wir erleben ihn, wenn wir zwischen dem anderen und uns Ähnlichkeiten wahrnehmen, z. B. wenn sich der andere so wie wir verhält, wenn er Meinungen äußert, die unseren entsprechen, wenn er einen ähnlichen Kleidungsstil pflegt wie wir oder den gleichen Fußballverein anfeuert. Manchmal reicht es schon aus, dass der andere aus demselben Land stammt oder dass er das gleiche Geschlecht hat wie wir. Meistens erfolgen diese Vergleiche automatisch, ohne dass wir sie bewusst registrieren würden. Erkennen wir dann Gemeinsamkeiten, finden wir den anderen sympathisch. Stoßen wir auf Unterschiede, führt das eher zu Abgrenzung oder sogar Ablehnung. Im Grunde erkennen wir im anderen also Dinge, die wir von uns kennen. Man könnte auch sagen, wir mögen zunächst unseren eigenen Anteil im anderen. Empathie kann aber auch entstehen, wenn ich ganz bewusst nach

Ähnlichkeiten zwischen mir und dem anderen Ausschau halte, wenn ich die Ähnlichkeit gewissermaßen wünsche. So werden wir einerseits eher mit Menschen zusammenkommen und uns mit ihnen wohlfühlen, die uns ähnlich sind, andererseits werden wir bei der Betrachtung dieser Menschen auch eher nach Ähnlichkeiten suchen. Soziale Vergleiche können aber auch von situativen Faktoren ausgelöst werden, wie eben bei Peter und Lotte. Peter verhielt sich heute Morgen so, dass Lotte vor allem Unterschiede zu ihm in den Sinn kamen. Und das mit gravierenden Folgen, denn Lotte war sich zumindest für einen kurzen Moment unsicher, warum sie eigentlich mit Peter zusammen ist. Am Abend, in einer anderen Situation, fielen Lotte vor allem Unterschiede zu ihren Freunden auf. Auch das hatte Konsequenzen, nämlich dass Lotte danach bewusst wurde, wie viel sie doch mit Peter gemein hat. Offensichtlich üben wir Einfluss auf den Ausgang dieser sozialen Vergleiche aus. Der deutsche Sozialpsychologe Thomas Mussweiler hat dies genauer untersucht. Er konnte zeigen, dass das Ergebnis bei der Betrachtung einer Person in Bezug darauf, ob wir viele oder wenige Gemeinsamkeiten mit ihr entdecken, davon abhängt, ob wir eher nach Gemeinsamkeiten oder nach Unterschieden suchen. Ganz allgemein kann man sagen, dass die Suchrichtung davon abhängt, wie stark unser Motiv bezüglich Zugehörigkeit oder Abgrenzung ist. Je mehr wir uns zu jemandem dazugehörig fühlen möchten, desto eher werden wir beim Vergleich auf Gemeinsamkeiten fokussieren. Ist uns eher nach Abgrenzung zumute, dann werden wir auch eher Unterschiede feststellen. Damit erfüllen die sozialen Vergleiche eine wichtige Funktion innerhalb unseres Pendelns zwischen dem Wunsch nach Zugehörigkeit einerseits und Differenzierung andererseits. Fühlen wir uns einem anderen oder auch einer Gruppe sehr verbunden, identifizieren wir uns also mit dem/den anderen, dann lassen wir stets auch die eigenen Grenzen fallen und begeben uns mit in eine gemeinsame Welt. Man könnte diesen Prozess auch als Depersonalisierung beschreiben, da wir auf Kosten unserer Individualität ein Teil des anderen werden. Dies kann seinerseits wiederum das Bedürfnis nach Differenzierung, nach einer deutlichen Grenzziehung zwischen mir und dem anderen auslösen, etwa nach dem Motto: „Bis hierhin und nicht weiter." Das ist wichtig, um uns uns selbst zu vergewissern und nicht von den Erlebnissen des anderen zu sehr betroffen oder gar überwältigt zu sein, sondern wieder an den eigenen Bedürfnissen, Zielen und Wünschen zu orientieren. Sind wir mit dem Erleben des anderen zu sehr assoziiert, dann ist das zwar wichtig, um den anderen in seinem Zustand zu verstehen, nicht aber um uns selbst gerecht zu werden. Auch Lotte und Peter kennen solche Prozesse der Annäherung und Distanzierung.

- **Peter**: „Ja, als ich Lotte kennenlernte, da waren wir uns ganz schnell sehr nah, das war wirklich toll!"
- **Lotte**: „Na, das hoffe ich doch mal!"
- **Peter**: „Nein, was ich sagen wollte, ist, dass ich schon vom ersten Augenblick dachte: Mensch, wir passen verdammt gut zusammen!"
- **Lotte**: „Du Süßer!"
- **Peter**: „Wir haben schnell entdeckt, dass wir die gleichen Bücher lieben, die gleichen Filme gut finden und auch sonst ganz viele gemein haben. Gleiche Einstellungen und so, ja und auch den gleichen Humor. Oder, Lotte?"
- **Lotte** nickt zustimmend: „Hm ..."
- **Peter**: „Wir haben uns ziemlich schnell ziemlich gut verstanden."

- **Lotte** lacht: „Stimmt. Du könntest dir da heute so manches Mal eine Scheibe von abschneiden!"
- **Peter**: „Na ja, es kann ja nicht immer alles nur rosarot sein. So ab und an genieße ich das heute schon auch, wenn ich mal allein bin und mich nur mit mir und meinen Sachen beschäftigen kann. Es gibt halt schon Dinge, die mich interessieren und dich überhaupt nicht."
- **Lotte**: „Das ist ja auch normal. Stell dir mal vor, wie langweilig das wäre, wenn wir keine eigenen Interessen hätten!"

Gerade bei der Entstehung von Paarbeziehungen kann man das Pendeln zwischen Gemeinsamkeit und Abgrenzung ganz gut beobachten. Während zu Beginn einer Beziehung die Gemeinsamkeiten im Fokus stehen, folgt später dann wiederum das Bedürfnis nach Eigenständigkeit. Schlägt am Anfang das Pendel sehr langsam hin und her, so findet es, sofern die Beziehung funktioniert, mit der Zeit den Rhythmus zwischen Nähe und Distanz, der für beide optimal ist. Soziale Vergleiche sind also zusammenfassend ein wirkungsvolles Instrument, um zu steuern, wem gegenüber wir Empathie empfinden wollen: uns selbst gegenüber, wenn wir unserem Bedürfnis nach Einzigartigkeit folgen, und anderen gegenüber, wenn wir unserem Bedürfnis nach Gemeinschaft und Zugehörigkeit gerecht werden wollen. In welchen Dimensionen wir uns dabei mit dem anderen vergleichen, hängt von vielen Faktoren ab, beispielsweise der Wichtigkeit der Dimension für unsere eigene Identität oder davon, ob uns der Vergleich durch besondere Merkmale des anderen nahezu aufgedrängt wird. Wir können die Vergleichsdimension aber auch ganz bewusst auswählen. Das gibt uns die Möglichkeit, uns einem anderen Menschen gegenüber als näher oder entfernter wahrzunehmen.

Erleben wir Ähnlichkeit hinsichtlich der Vergleichsdimension, dann resultiert daraus Nähe, erleben wir dagegen Unähnlichkeit in der Vergleichsdimension, dann erleben wir eher Distanz zum anderen. Mit anderen Worten: Ordne ich mich hinsichtlich des zum Vergleich stehenden Kriteriums in die gleiche Kategorie wie den anderen ein, dann entsteht Ähnlichkeit, andernfalls Unähnlichkeit. Dazu ein Beispiel. Sie kennen das vielleicht auch, wenn Sie im Urlaub, weit weg von Zuhause, auf Menschen treffen, die aus der gleichen Stadt kommen wie Sie. Häufig führt das direkt zum Erleben von Gemeinsamkeiten. Man redet miteinander und findet sich womöglich sogar sympathisch. Wären Sie denselben Personen in Ihrer Stadt begegnet, wären sie Ihnen vermutlich nicht aufgefallen, Sie hätten kaum Ähnlichkeiten entdeckt, und ob sie Ihnen sympathisch gewesen wären, darf auch bezweifelt werden. Der bedeutsame Unterschied: In einem Kontext, der für Sie selbst neu ist, fallen Ihnen bekannte Dinge eher auf als in dem gewohnten Kontext. Das, was man kennt, schafft Vertrauen und sorgt überdies für Sympathie. Robert Zajonc hat diesen simplen Zusammenhang, der als *Mere Exposure Effect* (Effekt der reinen Darbietung) bekannt ist, entdeckt, indem er zeigen konnte, dass Versuchspersonen unbekannte chinesische Schriftzeichen umso eher mochten, je häufiger sie ihnen präsentiert wurden. Allein die Darbietungshäufigkeit, die jene Zeichen vertrauter wirken ließ als solche, die zum ersten Mal gezeigt wurden, entschied über deren Sympathie. Das, was wir kennen, was uns vertraut ist, mögen wir einfach mehr. Und bei Menschen geht uns das genauso. Sind sie uns vertraut, stellen wir bei ihnen viele Ähnlichkeiten mit uns selbst fest und mögen sie auch eher. Umgekehrt je weniger wir eine Person kennen und ihr Verhalten vorhersagen können, desto weiter entfernt nehmen wir sie von uns wahr und desto geringer wird die Wahrscheinlichkeit, dass wir sie mögen. Hin und wieder kann es uns sogar passieren, dass wir uns von Personen, die wir eigentlich gut kannten, nach und nach entfernen – ein Erleben, das wir dann häufig mit Entfremdung umschreiben und das umso eher eintritt, je weniger wir mit einer anderen Person teilen, je seltener wir uns also mit ihr in einer gemeinsamen Welt treffen. Denn wenn wir uns mit ihr vergleichen, stellen wir nun vor allem Unterschiede fest, und das bei einer vermeintlich vertrauten Person, für die wir bislang davon ausgingen, Gemeinsamkeiten zu besitzen. Dieses Kontrasterleben interpretieren wir dann häufig dahingehend, dass sich der andere eben nachteilig entwickelt habe. An uns selbst und unsere Veränderungen denken wir dagegen nicht.

Reflexion

Mit wem fühlen Sie sich durch viele Gemeinsamkeiten verbunden? Wie fühlt sich das für Sie an, wenn Ihnen das auffällt? Und wie erreichen Sie dieses Gefühl? Und wann haben Sie das Bedürfnis, sich abzugrenzen? Wie fühlt sich das an? Und was machen Sie dann?

12
Empathie in digitalen Zeiten

Emoticons sind für die Teilnehmer an der Internetkommunikation eine wichtige Methode, ihre Gefühlslage deutlich zu machen. Die Internetkommunikation läuft im Gegensatz zur direkten Kommunikation ohne sichtbares Gegenüber, dessen Gesten, Mimik und Stimmausdruck gedeutet werden könnten, um neben dem Wortinhalt Aufschluss über die Einstellung zum Gegenüber, Aussagen über die Wahrhaftigkeit und Bedeutung der Aussage sowie den emotionalen Zustand zu erhalten.
Aus dem Eintrag „Emoticon" auf Wikipedia

Peter und Lotte haben sich heute noch gar nicht gesehen. Peter musste früh aus dem Haus. Lotte konnte sich dagegen im Bett noch einmal umdrehen. Sie hat heute ihren freien Tag. Zum Glück haben beide ein Smartphone, sodass sie sich auf diesem Weg austauschen können. Und so ist Lotte nach dem Aufwachen auch schon ganz neugierig, ob Peter ihr eine Nachricht geschickt hat. Und tatsächlich hat er geschrieben: „Guten Morgen, Schatz! Aufgewacht?:-)" Lotte tippt sofort die Antwort ein: „Ja, gerade, bin noch ziemlich müde!:-o" Anschließend zieht sie sich an und begrüßt den Tag mit einer Tasse Kaffee. Da fällt ihr ein, dass sie Peter darum bitten könnte, auf dem Nachhauseweg noch etwas zum Abendessen zu kaufen, denn der Kühlschrank ist gähnend leer und sie müsste so nicht raus. Sie schreibt ihm folgende Nachricht: „Schatz, kannst du bitte noch was für heute Abend zu essen kaufen? Danke und Schmatz:-)" Eine Stunde später erhält sie darauf folgende Antwort: „Ja." Lotte schreibt zurück: „Bist du sauer?" Zwei Stunden später schreibt ihr Peter: „Nein, warum?" Lotte antwortet direkt: „Weil du so kurz angebunden bist?!:-("

Wieder so ein Missverständnis. Lotte meint aus den Nachrichten, die Peter ihr schickt, ablesen zu können, wie er gerade denkt und fühlt, also „drauf ist". Sie hat heute frei, bleibt zu Hause und hat irgendwie das Bedürfnis, mit Peter zu kommunizieren. Peter dagegen muss arbeiten und ist gerade ziemlich beschäftigt. Ein Meeting jagt das nächste. Zwar hat er sein Smartphone dabei, doch schaut er nur unregelmäßig darauf, weil andere Themen bei ihm im Fokus stehen. Auch kann er sich nicht viel Zeit zum Antworten nehmen, da es ihm unangenehm ist, wenn er mitten im Meeting und für alle sichtbar auf seinem Smartphone tippt. Alles das bekommt Lotte nicht mit. Sie deutet daher seine Antworten vor dem Hintergrund ihres eigenen aktuellen Zustands. Sie denkt: Wenn Peter so wenig schreibt, dann hat er offenbar keine Lust, mit mir zu reden! Warum nur? Ist er sauer auf mich? Mit anderen Worten, Lotte ist Peter gegenüber wenig empathisch. Allerdings wird ihr das auch schwer gemacht. Sie hat ja nur die wenigen Wörter und mehr nicht, worauf sie ihre Interpretation stützen kann. Hier wird sofort ersichtlich, wie schwer es ist, die Bedeutung einer Botschaft zu dechiffrieren, ohne den Kontext zu kennen, in dem die Botschaft verfasst wurde, und ohne Anhaltspunkte zu haben, in welchem Zustand der Sender wohl war, als er die Nachricht versandt hat. Wenn Lotte Peter sehen oder wenigstens seine Stimme hören könnte, wäre das schon eine andere Situation. Dann könnte sie an seiner Stimme bzw. Gestik vielleicht besser ablesen, wie seine Nachrichten in Wirklichkeit gemeint sind. Doch das kann sie nicht. Und daher gibt es auch keine Interpretationshilfen. Sie kann gar nicht empathisch sein, da sie keine Ahnung hat, in welcher Situation Peter steckt. Dieses Beispiel zeigt, dass erfolgreiche Kommunikation natürlich sehr viel mehr ist, als nur Wörter miteinander zu wechseln. Kommunikation ist ein im wahrsten Sinne des Wortes sinnliches Erleben.

- **Peter:** „In der Tat, das kann ich nur unterschreiben. Ich merke es zum Beispiel, wenn Lotte sauer auf mich ist. Dann hat sie einen Blick drauf, der tut regelrecht weh. Diesen Blick spüre ich wirklich körperlich."
- **Lotte**: „Gut so, sollst du nämlich auch!"

Ziehen wir zur genaueren Analyse dieser ganzheitlichen Kommunikation nochmals die klassischen Kommunikationsmodelle zurate, in denen zwischen Sender, Empfänger, Botschaft und Medium unterschieden wird. Wenn Peter und Lotte miteinander kommunizieren, tauschen sie Wörter aus, gestikulieren, verändern ihre Mimik, modulieren die Sprechgeschwindigkeit und die Tonlagen, werfen sich Blicke zu, atmen schnell oder langsam, berühren sich mit den Händen und riechen das Parfum des anderen. Mit anderen Worten, alle Sinneskanäle sind bei Sender und Empfänger offen und empfangen Signale. Immer. Und daher ist Kommunikation stets ein multisensuales Ereignis, bei dem die Informationen der Sinne zu einer Bedeutung zusammengefasst werden. Dabei kann es auch Missverständnisse geben, etwa dann, wenn die Bedeutung der Wörter nicht zu der Bedeutung der Gestik passt. Diese Ambivalenz kann zweierlei bedeuten: Entweder sie entspricht dem Zustand des Senders, d. h., der Sender ist sich selbst tatsächlich uneins, was er kommunizieren möchte, oder der Empfänger versteht die Nachricht einfach nur mehrdeutig. In beiden Fällen kann der kommunikative Akt durch entsprechendes Rückfragen oder empathisches Nachempfinden verstanden werden. Reduzieren wir allerdings das sinnliche Erleben von Kommunikation, sinken die Chancen auf eine erfolgreiche Vermittlung dessen, was wir sagen möchten. Sie kennen das aus eigener Erfahrung. Ihnen hat bestimmt schon einmal jemand (hoffentlich viele!) von Angesicht zu Angesicht gesagt, wie gern er Sie hat. Erinnern Sie sich noch daran, wie sich das anfühlte? Und vielleicht hat Ihnen dieselbe Person auch schon einmal per SMS geschrieben, wie gern sie Sie hat. War es das Gleiche? Ich vermute eher nicht. Sinnlich beschränkte Kommunikation verliert eben viel an Bedeutung. Je weniger der Empfänger vom Sender mitbekommt, desto mehr ist er bei der Interpretation der Botschaft auf seine eigenen Vermutungen angewiesen. Damit steigt das Risiko, die Botschaft misszuverstehen, denn – wir haben es weiter vorne schon beschrieben – es ist äußerst selten, dass sich Sender und Empfänger im gleichen Zustand befinden. Der Zustand allerdings bestimmt, welche Bedeutung welchen Signalen gegeben wird. Empathie ist dann ebenfalls nur schwer möglich. Im besten Fall kann man Empathie zu einer Person noch entwickeln, von der man ihre aktuelle Situation und Befindlichkeit imaginiert. Sehr häufig wird man deshalb bei der medial ablaufenden Kommunikation auch völlig danebenliegen – ohne Chance darauf, dass man durch die Betrachtung des anderen in die Lage versetzt wird, die eigenen Annahmen über ihn zu korrigieren. Daraus lässt sich ableiten, dass die Chancen für ein empathisches Verständnis dann größer sind, wenn wir uns mit allen Sinnen begegnen können. Die moderne Kommunikation dagegen verzichtet weitestgehend auf diese multisensuale Vermittlung. Kommunikation über E-Mail, SMS oder andere *Messenger-Apps* ist völlig einseitig. Um dieser Unzulänglichkeit zu begegnen, bedienen wir uns behelfsmäßig der Emoticons, mit denen wir dem anderen etwas über unsere Stimmung sagen oder andere Anweisungen zum Verstehen des wortwörtlich Geschriebenen geben möchten. So wird dann aus der Wort-Zeichen-Folge „Alles super! :-(" Ironie. Aber natürlich ersetzt ein lachendes oder weinendes Gesicht nicht die ganzheitliche Erfahrung des anderen. Die übrigen Sinne und kontextuellen Informationen bleiben nach wie unberücksichtigt. Selbst wenn wir mittels Videokamera mit einer anderen Person kommunizieren, bleibt das Erleben im Vergleich zur direkten Begegnung seltsam flach und in keinster Weise ganzheitlich. Das Entstehen von Missverständnissen ist durch diese reduzierte Signalverarbeitung daher schon vorprogrammiert. Wir überschätzen schlicht den Anteil der verbalen Kommunikation an der Gesamtmenge ausgetauschter Nachrichten. Der weitaus größte Teil unserer Kommunikation wird aber nicht durch die verbalen Anteile bestimmt, sondern über die nonverbalen, also zum Beispiel die Modulation von Tonhöhe oder Sprechgeschwindigkeit und vor allem über die Mimik. Fallen diese Kommunikationsanteile weg, wird erfolgreiche Kommunikation erschwert. Ein weiterer Nachteil der medialen Vermittlung ist, dass wir durch den Mangel an empathischem Verständnis unser Kommunikationsverhalten verändern bzw. anpassen. Da wir die Reaktion des anderen nicht erleben, werden wir von ihr auch nicht berührt. Es fällt uns daher wesentlich leichter, beispielsweise unfreundlich zu sein, wenn wir unser Gegenüber nicht sehen, als wenn wir ihm im direkten physischen Kontakt begegnen. Das lässt sich schon daran festmachen, dass in vielen Fällen die Höflichkeitsfloskeln bei der medialen Kommunikation weggelassen werden. Sie kosten nur Zeit. Was bei der Begegnung von Angesicht zu Angesicht undenkbar wäre, ist hier einfach möglich. Umgekehrt sind wir womöglich Personen gegenüber höflich, zu denen wir es normalerweise nicht wären, allein weil wir zum Beispiel durch den Namen unseres Kommunikationspartners zu Vorstellungen über seine Person veranlasst werden.

In vielen Fällen entspricht die mediale Kommunikation einer Fokussierung auf den Inhaltsaspekt der Nachricht. Da wir aber bereits weiter vorne festgehalten haben, dass der Beziehungsaspekt die Interpretationsweise des Inhalts beeinflusst, fehlt uns ein wichtiger Bestandteil unserer kommunikativen Praxis. Wir denken uns dann den Beziehungsaspekt oder den Appellaspekt oder den Selbstoffenbarungsaspekt dazu. Die Kommunikation bleibt daher in vielen Fällen unvollständig.

Reflexion

Haben Sie auch schon solche digitalen Missverständnisse erlebt? Wie versuchen Sie dem aus dem Weg zu gehen? Gibt es Situationen, in denen die digitale Kommunikation besser oder schlechter funktioniert? Wie unterscheiden sich Ihrem Empfinden nach Nachrichten, die Sie per E-Mail oder Kurznachricht an jemanden senden, von Ihrer Kommunikation, die Sie von Angesicht zu Angesicht führen?

13
Empathie und die Grenzen des Handelns

Erachte den Vorteil deines Nächsten als deinen Vorteil, und deines Nächsten Nachteil als deinen Nachteil.
Aus dem Taoismus

Lotte wollte heute eigentlich mit ihren Freundinnen essen gehen. Schon lange war das ausgemacht und sie freute sich darauf, endlich wieder Anna, Maria und Esther zu treffen und sich mit ihnen über Neuigkeiten auszutauschen. Peter dagegen hatte heute keinen guten Tag erwischt. Er hatte sich erkältet, vermutlich beim Schneeschaufeln, und lag nun mit Kopfschmerzen und Fieber auf dem Sofa. Als Lotte ihn so elend sah, ging es ihr selbst nicht gut und sie hatte ein schlechtes Gefühl dabei, ihn allein zu lassen. Sie setzte sich zu ihm auf das Sofa und sagte: „Mensch, du Armer! Ich bleib heute Abend lieber bei dir und umsorge dich ein bisschen! Du tust mir wirklich leid!" Peter aber war strikt dagegen: „Auf keinen Fall", meinte er, „du hast dich doch so auf den Abend gefreut, meinetwegen brauchst du wirklich nicht zu Hause zu bleiben!"

Lotte will Peter nicht alleine lassen, da sie selbst aus eigenem Erleben weiß, dass es viel schöner ist, wenn sich jemand bei Krankheit um einen kümmert. Lotte möchte, dass es Peter gut geht, und selbst kein schlechtes Gefühl haben. Und Peter will kein Hindernis für Lottes Abend sein. Er weiß doch selbst, wie schwierig es ist, einen Termin mit Freunden zu finden, an dem alle Zeit haben. Und Peter möchte, dass es Lotte gut geht. Beide haben also mit dem anderen Mitgefühl und wollen ihm etwas Gutes tun. Solches Mitgefühl ist eine wichtige und ganz wesentliche Voraussetzung für unser soziales Miteinander. Wir helfen oft, ganz spontan und ohne an uns selbst zu denken, anderen Menschen, wenn uns unser Mitgefühl signalisiert, dass es dem anderen nicht gut geht. Und umgekehrt, wenn andere uns mit Mitgefühl begegnen, schafft das Nähe und verleiht uns Sicherheit. Je mehr Menschen aufeinander angewiesen sind, umso wichtiger ist das durch diese wechselseitige Unterstützung aufgespannte soziale Netz. Das lässt sich gut beobachten, wenn man beispielsweise wirtschaftlich besser und schlechter gestellte Gesellschaften miteinander vergleicht. In Mitteleuropa geht es den Menschen beispielsweise ökonomisch sehr gut, beinahe alles lässt sich mit Geld regeln, vom Einkaufsdienst bis zur Altenbetreuung. Bereits in Südeuropa sind die Menschen dagegen aus ökonomischer Sicht ärmer. Es verwundert daher nicht, dass dort wesentlich mehr Wert auf gut funktionierende soziale Netze gelegt wird als in Mitteleuropa. Soziale Netze kompensieren hier die materiellen Defizite. Wenn kein Geld da ist, um Hilfe zu kaufen, dann muss die Hilfe durch gegenseitige Unterstützung gewährleistet werden. Interessanterweise scheint das der allgemeinen Lebenszufriedenheit nicht abträglich zu sein, im

Gegenteil: Materieller Wohlstand ist nur in gewissem Maß ein Indikator für Zufriedenheit, weil er Zugang zu Bildung und einer besseren Gesundheitsvorsorge ermöglicht. Ist das aber gesichert, erhöht materieller Wohlstand eben nicht mehr weiter die Zufriedenheit. Dann werden andere Faktoren bedeutsamer, etwa soziale Beziehungen, persönliche Entwicklungsmöglichkeiten etc. Es überrascht daher auch nicht, dass in verschiedenen Indizes zur Lebenszufriedenheit nicht etwa die wirtschaftlich stärksten Nationen wie etwa Deutschland oder die USA führend sind, sondern sich unter den Top 20 der zufriedensten Länder neben hochentwickelten Wirtschaftsnationen auch wirtschaftlich schwächere Länder wie z. B. Island, Bhutan, Brunei oder Malta befinden.

Wenn wir anderen Menschen helfen, ist das aber nicht nur für diese positiv, auch uns selbst geht es dann besser. Nach dem, was wir bisher gesagt haben, verwundert das auch nicht. Denn Empathie sorgt dafür, dass die Folgen unseres eigenen Handelns auch auf uns selbst zurückfallen. Empathie, so haben wir festgestellt, ist ein unsichtbares Band, das uns mit anderen in vielfältiger Weise verbindet. Was der andere denkt, denke ich, was er fühlt, fühle ich. Und weil damit das Erleben des anderen zu meinem eigenen wird, kann mir Empathie die Grenzen aufzeigen, was ich und wie ich mit dem anderen kommunizieren darf und wie ich mich ihm gegenüber verhalten soll. Das Kriterium liegt auf der Hand: Wenn ich das Erleben eines anderen empathisch miterleben kann, dann sollte ich mich ihm gegenüber nicht nur gerecht und gut verhalten, weil es dem Anstand oder einer wie auch immer gearteten Norm entspricht. Vielmehr ist unmittelbar klar: Der Adressat meines

Handelns, meiner Kommunikation, ist in letzter Konsequenz nicht der andere, sondern ich bin es selbst, der aus der Perspektive des Gegenübers miterlebt, wie mein eigenes Verhalten auf den anderen wirkt. Empathie ist damit die Grundlage dessen, was wir als die Goldene Regel kennen, einem ethischen Imperativ, der da lautet: „Was du nicht willst, was man dir tu, das füg auch keinem anderen zu." Dass sich dieser Lehrsatz nicht nur in der christlichen Bibel, sondern in zahlreichen Variationen auch in anderen Religionen immer wieder findet, ist kein Zufall, denn Empathie ist eben eine grundlegende Fähigkeit, zu der wir Menschen in der Lage sind. Empathie kann uns deswegen Orientierung geben, wie wir in sozialen Situationen entscheiden sollen. Mögliche Fragen, die wir uns hier stellen könnten, wären: Wenn ich mich so entscheide, mich so verhalte, wenn ich so kommuniziere, wie wirkt sich das auf mein Gegenüber aus? Was denkt er, was fühlt er und wie fühlt er sich behandelt? Das ist es, was der Soziologe George Herbert Mead als „ideale Rollenübernahme" bezeichnet hat. Wenn man vor auch für andere folgenreichen Entscheidungen steht, kann man sich durch das Hineinversetzen in die betroffenen Personen bereits im Vorhinein ein Bild von den Handlungsfolgen machen. Kommt man auf diese Weise zu dem Schluss, dass alle Betroffenen unter den gleichen Ausgangsbedingungen der Entscheidung zustimmen könnten, hat man vermutlich eine gute Entscheidung getroffen.

Empathie bringt mich zusammengefasst dem anderen so nahe, dass ich nicht mehr zwischen mir und dem anderen unterscheiden kann, weil mein Verhalten nicht nur den anderen trifft, sondern über ihn, dessen Erleben ich empathisch teile, direkt auch mich. Ist Empathie letztlich dann gar keine soziale Kompetenz im eigentlichen Sinne, sondern vielleicht nur eine Kompetenz, mich selbst im anderen zu erkennen und zu erleben?

> **Reflexion**
>
> Geht es Ihnen auch schlecht, wenn es einem geliebten Menschen schlecht geht? Und geht es Ihnen gut, wenn es ihm gut geht? Haben Sie schon einmal gemerkt, dass diese Gefühle Ihr Handeln beeinflusst haben? Und haben Sie auch schon einmal anders gehandelt? Wie hat sich das angefühlt? Und unter welchen Umständen leiden Sie sogar mit fremden Menschen mit? Wann freuen Sie sich mit ihnen? Was denken und fühlen Sie dann?

14
Ich im Du

War es möglich, dass der beste Weg, sich seiner selbst zu vergewissern, darin bestand, einen anderen kennen und verstehen zu lernen?
Aus „Nachtzug nach Lissabon" von Pascal Mercier.

> Peter hatte sich früh ins Bett gelegt und war schnell eingeschlafen und Lotte dann doch noch zu ihren Freundinnen gegangen. Und es wurde ein richtig netter Abend. Lange schon hatte sie sich nicht mehr so prächtig amüsiert und so wohlgefühlt im Kreise ihren Freundinnen. Das lag vor allem an Anna, mit der sie sich wirklich gut verstand. Anna war in vielen Dingen ganz ähnlicher Meinung wie Lotte, hatte den gleichen Humor und in vielen Dingen genau denselben Geschmack. Außerdem war sie auch wirklich interessiert am anderen und sprach nicht nur von sich. „Endlich mal wieder ein Abend, bei dem man sich wirklich austauschen und auch über ernstere Sachen unterhalten konnte", hatte Lotte gedacht. „Ich bin wirklich froh, dass ich Anna habe!"

Bisher haben wir festgestellt, dass Empathie eine grundlegende Fähigkeit ist, um mit einem anderen Menschen Bedeutungen zu teilen und damit erfolgreich zu kommunizieren. Wir haben aber auch schon darauf hingewiesen, dass wir durch Empathie die Grenzen zwischen dem Ich und dem Du auflösen. Wir erkennen uns im anderen und im besten Fall der andere in uns. Das gegenseitige Sich-Erkennen kann zu gegenseitigem Verständnis und tiefer Zuneigung führen. Aber wem gegenüber empfinden wir dann eigentlich Zuneigung? Dem anderen gegenüber? Oder zu mir selbst? Wenn ich mich im anderen erkenne und spiegele und er mir dadurch näher kommt, schätze ich dann am anderen nicht gerade das, was er mit mir gemein hat? Kann ich wirklich einen anderen lieben oder liebe ich mich eigentlich nur selbst im anderen?

Zunächst einmal steht fest, dass wir ohnehin vom anderen nur das erfahren und kennen können, was wir selbst prinzipiell zu erfahren und zu erkennen in der Lage sind. Auch hier ist die Grenze dessen, was ich erfahren kann, dasjenige, was mir zu erfahren möglich ist. Unser Wissen und unsere Erfahrungen sind unsere Instrumente zur Weltkenntnis. Daraus folgt, dass wir einen anderen Menschen nur gut kennenlernen können, wenn wir uns selbst gut kennen. Weiß ich nichts über mich, dann kann ich auch nichts über das Du wissen. Ich kann prinzipiell nur erkennen, was in mir selbst als prinzipiell erkennbar vorhanden ist. Das bedeutet, dass ich im Gegenüber, im Du, zuerst mir selbst begegne. Je mehr ich über mich weiß, desto weniger kann mir in dir fremd sein. Und je weniger mir fremd ist, desto näher kann ich dir, besser, mir in dir sein, desto mehr Empathie und Zuneigung empfinde für dich, oder besser, ich für mich in dir. So betrachtet, ist die Zuneigung für den anderen in erster Linie die Zuneigung zu sich selbst. Wenn ich mich nicht selbst lieben kann, dann kann ich mich auch nicht im anderen lieben. Den anderen erkenne ich also gar nicht so, wie er in seiner Komplettheit ist, son-

dern was ich erkenne, sind Facetten meiner eigenen Person.
Dies trifft insbesondere auf den Beginn einer Beziehung zu.
Wenn wir uns in eine Person verlieben, dann ist das, was
wir da erleben, eigentlich ein Ding der Unmöglichkeit. Wir
kennen den anderen ja eigentlich gar nicht, wie sollen wir
uns dann in ihn verlieben können? Nachvollziehbarer ist da
schon eher, wenn wir uns in jemanden verlieben, den wir
sehr gut kennen. „Liebe auf den ersten Blick" ist daher vor
allem Liebe für eine Person, wie wir sie uns vorstellen, nicht
aber, wie wir sie erlebt haben. Das ist für viele Paare dann
häufig ein Problem. Denn je besser sich die Partner in der
Folge kennenlernen, desto stärker weicht die Vorstellung
über den anderen vom tatsächlichen Erleben ab und umso
eher wird man enttäuscht reagieren und dem anderen womöglich Vorwürfe machen. Der fühlt sich dabei jedoch zu
Recht missverstanden, denn er hat uns ja nie versprochen,
so zu sein, wie wir ihn uns ausgemalt haben. Streit und
Konflikte sind die Folge. Häufig ist das der Anfang vom
Ende der Beziehung. Und auch später kann der Selbstfokus
die Paarbeziehung empfindlich stören. Nehmen wir einmal das Beispiel Eifersucht. Erinnern wir uns daran, dass
Lotte etwas pikiert war, als Peter die Hauptdarstellerin in
dem Film lobte. Sie war wohl ein bisschen eifersüchtig.
Die meisten von uns kennen solche Gefühle, dass uns womöglich ein anderer vorgezogen wird, wir uns also nicht
sicher sein können, dass unser Partner uns „gehört". Bei
genauerem Hinsehen ist Eifersucht jedoch ein Indiz dafür,
dass wir uns selbst nicht sicher sind. Wir benötigen die Zustimmung eines anderen, um uns selbst sicher zu sein und
als wertvoll zu erleben. Diese Aufgabe, die eigene Person
zu schätzen und als wertvoll anzuerkennen, übertragen wir

einem anderen, nämlich unserem Partner. Er soll unser Defizit in Sachen Selbstwertgefühl ausbügeln. Wie aber soll das funktionieren? Wenn ich grundlegend an mir zweifle, dann kann auch nur ich diese Zweifel beseitigen, denn egal, was der andere gerade tut oder unterlässt, ich bin es letztlich, der sein Verhalten bedeutungsvoll interpretiert. Der andere kann sein Bestes versuchen: Wenn ich sein Verhalten einfach nicht als meine Person unterstützend wahrnehme, dann ist das mein Problem. Nehme ich sein Verhalten dagegen so wahr, wie ich es gerne hätte, kann ich ihm diesbezüglich nur dann vertrauen, wenn ich sein Verhalten auch nachvollziehen kann, d. h. mir schon vorher klar war, dass er Recht hat … ich also wertvoll bin. Der andere, wir erinnern uns, ist lediglich ein Spiegel, in dem ich nur erkennen kann, was vor ihm steht: ich selbst. Und wenn ich eifersüchtig bin, dann vor allem deswegen, weil mir selbst der Gedanke nicht fremd ist, einem anderen Grund zur Eifersucht geben zu können. Ich kann bei der Betrachtung anderer nur das erkennen, was ich selbst kenne: Angst machen mir meine Gedanken, die ich in dir wiederfinde.

Aber widerspricht all das, was wir gerade gesagt haben, also dass wir vor allem uns im anderen wiederfinden möchten, nicht der einfachen Beobachtung, dass andere Menschen gerade durch ihr Anderssein so bereichernd für unser Leben sein können? Dass mich andere Menschen verän-

- **Lotte**: „Na ja, also ich finde, dass Peter manchmal all zu offensichtlich nach anderen schaut!"
- **Peter**: „Mach ich gar nicht oft! Und du machst das im Übrigen auch!"
- **Lotte**: „Wann denn? Das stimmt gar nicht!"

- **Peter**: „Stimmt wohl! Du ziehst dich ja auch immer extra so an, dass andere dich attraktiv finden!"
- **Lotte**: „Das sagt mir gerade der Richtige!"k
- **Peter**: „Wir leben ja zum Glück nicht als Einsiedler."
- **Lotte**: „Na also!"
- **Peter**: „Aber das hat ja nichts damit zu tun, wer mir jetzt besser gefällt, ich meine, wenn man alle Facetten berücksichtigt!"
- **Lotte**: „Aha, dann zähl mal deine Facetten auf! Bist du also mit mir zusammen, weil ich mehr Facetten gut erfülle oder was? Ist das jetzt eine Frage der Quantität?"
- **Peter**: „Ach Lotte, jetzt dreh mir doch nicht jedes Wort im Mund herum. Du weißt schon, was ich sagen wollte!"
- **Lotte**: „Ja, schon gut, mein Lieber, ich kenne dich ziemlich gut, da kannst du mir nichts vormachen! Komm, gib mir einen Kuss!"

dern können? Dass sie gerade, wenn sie nicht so sind wie wir, interessant für uns sein können? Dass ich durch andere Menschen neue Erfahrungen machen kann? Nicht unbedingt! Es ist jedoch, anders als wir das erleben, nicht der andere, der uns neue Erfahrungen gönnt und uns auf die Reise in neue Welten mitnimmt, es sind stets nur wir selbst, die wir durch den Kontakt mit anderen Menschen unseren eigenen Horizont erweitern. Nochmals: Es ist immer und ausschließlich der Empfänger, der die Bedeutung der Botschaft bestimmt! Ich bin es am Ende immer, der sich Neues und Anderes gönnt, ja der darüber entscheidet, ob etwas neu oder anders ist! Welche Rolle spielt also der andere?

Wir haben im Verlauf des Buches bereits mehrfach festgestellt, dass der andere in seiner ganz eigenen Welt lebt, seine eigenen Zustände, Bedürfnisse, Ziele und Wissensreservoirs besitzt. Daher können wir zwar viele Ähnlichkeiten mit dem anderen feststellen und erleben, es ist aber immer nur eine Ähnlichkeit in Teilen. In anderen Teilen oder Systemzuständen sind wir uns unähnlich. Daraus folgt, dass wir selbst in Momenten großer Nähe und Empathie beim Gegenüber Verhaltensweisen, Entscheidungen, Reaktionen erleben, die uns überraschen bzw. für die wir keine passende Interpretation besitzen, da wir selbst gerade zwar in einem ähnlichen Zustand sind, aber eben nicht im gleichen. Letzterer wäre aber Voraussetzung dafür, dass wir uns in allem genau verstehen, dann allerdings würde perfekte Identität zwischen zwei Personen herrschen. Das ist extrem unwahrscheinlich, also können wir diesen Fall von der weiteren Betrachtung ausschließen. Wenn der andere uns jetzt so überrascht, dann versuchen wir uns zu erklären, warum er so entschieden oder gehandelt hat. Das können wir nur auf der Basis unseres Zustandes, unserer Erfahrungen. Gelingt uns keine aus unserer Sicht befriedigende Erklärung, können wir das Verhalten des anderen also nicht nachvollziehen, dann bleibt ein Gefühl der Verblüffung, des Nichtverstehens. In beiden Fällen erfahren wir letztlich etwas über uns selbst. Sind wir verblüfft, so weist das auf ein Erklärungsdefizit hin. Uns fehlt es derzeit an Erfahrungen und Wissen, um das Verhalten des anderen zu interpretieren. Das wiederum deutet auf prinzipiell noch entdeckbare alternative Welten hin. Können wir uns das Verhalten des anderen dagegen erklären, dann ist es ein für mich also denkbares und daher auch prinzipiell durchführbares Verhalten. Derjenige, der die Welt des anderen durch Empathie betritt, begegnet daher eigentlich nur sich selbst, und zwar so, wie er gerade selbst ist, und so, wie er potenziell sein kann. Der andere verkörpert daher in gewisser Weise realisierte und nicht realisierte Möglichkeiten der eigenen Person. Und dadurch kann der Kontakt mit anderen Menschen bereichernd, aufregend und interessant sein, da wir dabei etwas über uns selbst erfahren. Die Begegnung mit dem anderen, so wie wir sie uns für gewöhnlich ausmalen, findet nicht statt. Rücksichtslose Menschen sind sich selbst gegenüber rücksichtslos, liebevolle Menschen zu sich selbst liebevoll. Egal wohin wir schauen, wir begegnen stets nur uns selbst, so wie wir uns gerade bedeutungsvoll konstruieren, oder in unserer gegenwärtigen Potenzialität.

> **Reflexion**
>
> Wann finden Sie eigentlich wen sympathisch? Was sind das für Momente? Was denken und fühlen Sie dabei? Und was ist, wenn Sie den anderen alles andere als sympathisch finden? Was denken und fühlen Sie dann? Kennen Sie Personen, bei denen Sie sich unsicher sind, wie Sie diese finden? Was denken und fühlen Sie dann?

15
Peter und Lotte gibt's doch

DIE ERSTE DARSTELLERIN (tritt von rechts wieder auf; schmerzerfüllt). Er ist tot! Der arme Junge! Er ist tot! Oh, was für ein Unglück!
DER ERSTE DARSTELLER (tritt von links wieder auf; lacht). Wieso tot? Erdichtet, alles erdichtet! Fallen Sie nicht darauf herein!
ANDERE SCHAUSPIELER (von rechts). Dichtung? Wirklichkeit! Realität! Er ist tot!
ANDERE SCHAUSPIELER (von links). Nein, Erfindung! Täuschung!
DER VATER (steht auf und schreit dazwischen). Von wegen Erfindung! Wirklichkeit, Herrschaften, pure Wirklichkeit!
Aus „Sechs Personen suchen einen Autor" von Luigi Pirandello.

Wir haben bis hierhin einen weiten Bogen geschlagen, um kommunikative Missverständnisse zu beschreiben und für uns erklärbar zu machen. Wir haben festgehalten, dass Kommunikation ein Akt der Wirklichkeitskonstruktion ist, die dann erfolgreich verläuft, wenn alle an der Kommunikation Beteiligten die gleiche Wirklichkeit teilen. Wir haben weiter festgehalten, dass eine Voraussetzung dafür ist, dass sich die Beteiligten in gleichen oder zumindest ähnlichen Zuständen befinden. Dies kann, so haben wir festgehalten, dadurch erreicht werden, dass wir uns mit dem anderen identifizieren, denn über den Prozess der Identifikation kann Empathie entstehen, die Fähigkeit, uns in die Gedanken und Gefühlswelt des anderen hineinzuversetzen und zu denken und zu fühlen, was der andere denkt und fühlt. Durch Empathie verlassen wir unsere eigene Welt und treten in eine gemeinsame Welt ein. Und schließlich wurde festgestellt, dass wir in dieser gemeinsamen Welt eigentlich nicht dem anderen begegnen, sondern nur einem Spiegelbild von uns selbst bzw. unserer Potenzialität. Was können wir jetzt damit anfangen? Lässt sich dadurch unsere Kommunikation verbessern? Können Lotte und Peter dadurch dem ein oder anderen Konflikt aus dem Weg gehen? Am besten, denke ich, fragen wir sie persönlich.

- **PMB:** Lotte, Peter, ihr seid die gedanklichen Schritte, die wir hier zurückgelegt haben, mitgegangen. Was ist euer Eindruck, könnt ihr damit irgendetwas anfangen?
- **Lotte:** „Ja, ich finde schon. Ganz unabhängig davon, ob es jetzt so ist, wie das hier beschrieben wurde, als Denkfigur, als Orientierungshilfe kann ich doch einiges davon gebrauchen. Zum Beispiel, dass ich bei meiner Interpretation von Peters Verhalten doch jetzt hin und wieder versuchen möchte, mir klarzumachen, dass Peter, wenn ich mit ihm spreche, womöglich gerade mit ganz anderen Dingen beschäftigt ist und mich daher nicht so wahrnimmt und versteht, wie ich das erwarte. Vielleicht ist es ein Versuch wert, sich vor allem bei mir wichtigen Gesprächen gemeinsam auf das Thema – wie hieß es da vorhin? – 'einzuschwingen'. Das kann ich mir gut vorstellen."
- **PMB:** Und du, Peter?

- **Peter:** „Ja, mir geht's ähnlich. Ich finde aber auch den Gedanken reizvoll, dass vieles von dem, was ich in Lotte sehe und was ich von ihr mitbekomme, letztlich etwas mit mir, meinen Gedanken und Gefühlen zu tun hat, dass ich in ihr Dinge entdecke, die ich selber von mir kenne, was ich mag und was ich fürchte. Und das ist dann eben die Gefahr, dass ich ihr Verhalten immer so interpretiere, als wäre ich an ihrer Stelle. Das mit dem 'Einschwingen', das gefällt mir auch, Lotte!"
- **Lotte:** „Wenn ich das alles hier aber wirklich ernst nehme, dann scheint es sich letztlich auf die solipsistische Position zu verdichten: ‚Nichts ist, nur das eigene Ich!' Oder? Damit komme ich aber irgendwie auch nicht weiter. Bringt mir das was?"
- **Peter** lacht: „Hm, stimmt, genau das wollte ich auch gerade sagen! Schau, wie ähnlich wir uns wieder sind!"
- **Lotte** schmunzelt: „Dann gibt's mich ja eigentlich gar nicht!"
- **Peter:** „Und mich auch nicht!"
- **Lotte:** „Das wäre aber regelrecht schade, mein Lieber!"
- **Peter** lacht Lotte an: „Danke, mein Schatz!"
- Plötzlich taucht Lurx auf.
- **Lurx:** „Hallo, ihr beiden!"
- **Lotte** und **Peter**: „Hi!"
- **Lurx**: „Wenn ich mal kurz was dazu sagen und euch aufklären darf. Es gibt weder dich, Lotte, noch dich, Peter! Ihr seid die reine Fantasie des Autors! Und übrigens, den Solipsismus gibt's auch nicht! Um festzustellen, dass es außer dem Ich nichts gibt, benötigt man ja zumindest schon einmal einen Beobachter! Hab ich doch vorhin irgendwo hier gelesen. Und damit wären es schon zwei, das Ich und der Beobachter! Solipsismus funktioniert also gar nicht! Vielmehr ist doch alles eine Frage der Wahrscheinlichkeit! Bei uns auf Quadraplank beispielsweise …"
- **PMB:** Ich unterbreche jetzt an dieser Stelle. Lurx, bevor du jetzt weitermachst, lass mich noch eines sagen. Du hast Recht, Solipsismus ist das nicht, denn der würde ja bedeuten, dass es außer dem Ich nichts gibt. Im Gegensatz zu dir würde ich aber behaupten, es gibt unzählige Ichs, sie be-

gegnen sich aber nur ab und an. Und wenn sie sich dann einmal durch Empathie auflösen, werden sie kurzfristig zu einem – ja, wie soll ich sagen? – Trans-Ich, einem Ich, das ich mit dem anderen gemeinsam bin. Für unser Erleben macht es im Übrigen keinen Unterschied, ob ich jetzt damit Recht habe oder nicht, denn Erleben ist eine Sache der Bedeutungszuschreibung und Wirklichkeitskonstruktion. Und solange ich mich als Person und euch als Personen erlebe, so lange ist es eben auch so. Und deswegen: Natürlich existiert ihr alle drei, Lotte, Peter und Lurx, zumindest in dem Erleben aller, die das Büchlein bis hierher gelesen haben. Wer möchte jetzt noch daran zweifeln? Lotte, Peter, Lurx, ihr seid längst schon zu ganz realen Erfahrungen der Leser geworden. Oder sollte ich besser sagen, ihr seid längst zu ganz neuen Erfahrungen unserer Leser mit sich selbst geworden? Wie dem auch sei, real seid ihr auf jeden Fall, sonst hätten wir uns bis hierhin getäuscht. Und dies, das haben wir ja ausführlich dargelegt, ist einfach die falsche Sicht der Dinge!

- **Lotte:** „Na, dann! Dem hab ich nichts mehr hinzuzufügen! Peter, lass uns nach Hause gehen!"
- **Peter:** „Ok. Einfach so?"
- **Lotte:** „Ja, wir haben genug geredet. Lassen wir die anderen allein und machen uns einen schönen Tag!"
- **Lurx:** „Ist dein Buch! Ich sag jetzt auch nichts mehr! Wir sehen uns dann."
- **PMB:** „Vielen Dank, dass ihr uns begleitet habt! Tschüss, ihr drei!"
- **Peter, Lotte** und **Lurx** gleichzeitig: „Tschüss!"

16
Epilog

Verstehst du mich? Verstehe ich dich? Diese Fragen haben wir zu Beginn des Buches gestellt. Welche Antworten können wir nun darauf geben? Und was bedeuten sie ganz konkret?

Bringen wir es auf zwei einfache Aussagen:

Je empathischer ich bin, desto besser verstehe ich dich. Gleiches gilt für dich!

Je ähnlicher ich dir bin, desto empathischer kann ich sein. Gleiches gilt für dich!

Die zu Beginn gestellten Fragen lassen sich somit folgendermaßen beantworten:

Ja, du verstehst mich, wenn du empathisch bist.

Ja, ich verstehe dich, wenn ich empathisch bin.

Müssen wir diese Aussagen einfach nur beherzigen und schon sind zukünftig alle kommunikativen Missverständnisse ausgeschlossen? Ganz sicher nicht … und mal ehrlich, wäre das überhaupt wünschenswert? Ich behaupte nein, denn Missverständnisse sind zwar häufig ärgerlich und unangenehm, können uns aber auch zu einer fundamentalen Erkenntnis bringen, die da lautet: Wir sind nicht allein auf der Welt und wir besitzen nicht die Deutungshoheit über die Interpretationen anderer. Das zu erkennen, ist unabdingbar für persönliche Reife und Wachstum. Ja, wir sind nicht allein auf der Welt, was zugegeben keine besonders aufregende Erkenntnis ist. Sie wird es erst, wenn wir die Aussage vervollständigen: Wir sind nicht allein auf der Welt, können mit den anderen Weltbewohnern aber auch keinen direkten Kontakt aufnehmen. Wir sind und bleiben für uns der Anfang und das Ende unserer Welt, wir bleiben von Anbeginn in uns, bei uns und nur das. Solange zwei Elemente nicht identisch sind, können diese Elemente nur vermittelt in Kontakt treten. Unser Kontaktmittel nennen wir Kommunikation. Und diese bleibt immer unvollständig. Daher werden Sender und Empfänger stets der Möglichkeit von Missverständnissen ausgesetzt bleiben. Das ist halb so wild, denn ein Missverständnis kann uns als Hinweis darauf dienen, dass wir in der Bewertung und Beurteilung anderer Menschen eben nur unsere eigenen Maßstäbe und Standards anlegen können, was uns aber nicht dazu verleiten sollte, anderen nicht dieselbe Möglichkeit einzuräumen. Jeder besitzt die Deutungshoheit für sein Erleben. Wenn ich das erkenne, ergeben sich daraus ganz grundlegende Konsequenzen für eine friedliche und fruchtbare Koexistenz. Erstens kann mich diese Einsicht dazu bringen, mein Erleben des anderen zu hinterfragen und nicht als das einzig mögliche Erleben des anderen anzusehen. Stecken in alternativen Deutungen seines Verhaltens nicht noch ganz andere Erkenntnismöglichkeiten für mich? Zweitens wird mir vielleicht klar, dass erst in dem Moment, wenn verschiedene Deutungen der Welt im Akt der Kommunikation aufeinandertreffen, sich überhaupt Veränderungen in meinem Interpretationsmuster ergeben können. Ohne Widerstand keine Veränderung. Ohne Widerstand keine

Information. Ohne Widerstand keine Bedeutung. Das Aufeinandertreffen von Menschen, das Erleben von Unvorhersehbarem, ist die Voraussetzung für Lernen, Wissen und Erfahrungen. Unsere erste Welterfahrung, unsere erste Bedeutung in unserem Leben, ist die Erfahrung eines Unterschieds. Und erst das Erfahren von Unterschieden lässt uns wachsen, wissen und werden. Damit wird der andere für mich zu einer nie versiegenden Quelle von Wachstumsmöglichkeiten, und zwar immer dann, wenn es mir durch ihn gelingt, Unterschiede zu erfahren. Empathie ist damit nicht allein ein Instrument, um andere zu verstehen, sondern vor allem, um mir selbst den Horizont meiner Möglichkeiten zu erweitern.

Literatur

Ackerman JM, Nocera CC, Bargh JA (2010) Incidental haptic sensations influence social judgments and decisions. Science 328:1712–1715

Adam H, Galinsky AD (2012) Enclothed cognition. J Exp Soc Psychol 48:918–925

Bak PM (2012) Über das Wesen von Bedeutung. E-J Philos Psychol 17

Bargh JA, Chen M, Burrows L (1996) Automaticity of social behavior: direct effects of trait construct and stereotype activation on action. J Personal Soc Psychol 71:230–244

Becker DV, Anderson US, Neuberg SL, Maner JK, Shapiro JR, Ackerman JM, Kenrick DT (2010) More memory bang for the attentional buck self-protection goals enhance encoding efficiency for potentially threatening males. Soc Psychol Personal Sci 1:182–189

Bieri P (2011) Wie wollen wir leben? Residenz, St. Pölten

Blumer H (1986) Symbolic interactionism: perspective and method. University of California Press

Boroditsky L, Gaby A (2010) Remembrances of times east absolute spatial representations of time in an Australian aboriginal community. Psychol Sci 21:1635–1639

Bühler K (1934/1999) Sprachtheorie: Die Darstellungsfunktion der Sprache, 3. Aufl. Fischer, Stuttgart

Chernatony DL, Mcdonald MH (1992) Creating powerful brands. Oxford

Coffman DD (1990) Effects of mental practice, physical practice, and knowledge of results on piano performance. J Res Music Educ 38:187–196

Easterlin RA (1974) Does economic growth improve the human lot? Some empirical evidence. In: David PA, Reder MW (Hrsg) Nations and households in economic growth: essays in honour of moses abramovitz. Academic, New York

Greene B (2012) Die verborgene Wirklichkeit: Paralleluniversen und die Gesetze des Kosmos. Siedler, München

Henslin JM (1967) Craps and magic. Am J Sociol 73:316–330

Herwig A, Schneider WX (2014) Predicting object features across saccades: evidence from object recognition and visual search. J Exp Psychol Gen 143:1903–1922

Knausgård KO (2013) Sterben. btb, München

Locke J (1690/2013) Versuch über den menschlichen Verstand. Edition Holzinger, Berlin

Mehrabian A (1971) Silent messages, Bd 8. Wadsworth, Oxford

Mercier P (1997) Perlmanns Schweigen. btb, München

Mercier P (2004) Nachtzug nach Lissabon. Hanser, München

Mogg K, Bradley BP, Hyare H, Lee S (1988) Selective attention to food-related stimuli in hunger: are attentional biases specific to emotional and psychopathological states, or are they also found in normal drive states? Behav Res Ther 36:222–237

Mussweiler T (2001) „Seek and ye shall find": antecedents of assimilation and contrast in social comparison. Eur J Soc Psychol 31:499–509

Mussweiler T (2006) Doing is for thinking! Stereotype activation by stereotypic movements. Psychol Sci 17:17–21

Penton-Voak IS, Thomas J, Gage SH, McMurran M, McDonald S, Munafò MR (2013) Increasing recognition of happiness in ambiguous facial expressions reduces anger and aggressive behavior. Psychol Sci 24:688–697

Plassmann H, O'Doherty J, Shiv B, Rangel A (2008) Marketing actions can modulate neural representations of experienced pleasantness. Proc Natl Acad Sci U S A 105:1050–1054

Publisuisse (2013) Die zehn schweizer Sinus-Milieus®. Zürich. www.publisuisse.ch/mm/mm001/sinus_broschuere_d.pdf. Zugegriffen: 4. Dez. 2014

Rayner K, White SJ, Johnson RL, Liversedge SP (2006) Raeding wrods with jubmled lettres: there is a cost. Psychol Sci 17:1921–1993

Rizzolatti G, Fadiga L, Gallese V, Fogassi L (1996) Premotor cortex and the recognition of motor actions. Cogn Brain Res 3:131–141

Rosenhan DL (1973) On being sane in insane places. Science 179:250–258

Ross L, Greene D, House P (1977) The „false consensus effect": an egocentric bias in social perception and attribution processes. J Exp Soc Psychol 13:279–301

Schmidt G (2000) Die Utilisation von „Wahr-Gebungs-Prozessen" aus der „inneren" und „äußeren Welt" von TherapeutInnen/BeraterInnen für eine zieldienliche Kooperation in der Therapie/Beratung. Familiendynamik 2

Schmidt G (2005) Einführung in die hypnosystemische Therapie und Beratung. Carl-Auer-Systeme-Verlag, Heidelberg

Schulz von Thun F (1981) Miteinander reden 1. Störungen und Klärungen. Allgemeine Psychologie der Kommunikation. rororo, Reinbek

Schwartz MS, Andrasik F (Hrsg) (2003) Biofeedback: a practitioner's guide, 3. Aufl. Guilford, New York

Schwarz N, Bless H (1992) Constructing reality and its alternatives: an inclusion/exclusion model of assimilation and contrast effects in social judgment. In: Martin LL, Tesser A (Hrsg) The construction of social judgments. Lawrence Erlbaum Associates, Inc., Hillsdale, S 217–245

Simons DJ, Chabris CF (1999) Gorillas in our midst: sustained inattentional blindness for dynamic events. Perception 28:1059–1074

Stein E (1927) Zum Problem der Einfühlung. Buchdruckerei des Waisenhauses, Halle

Strack F, Martin LL, Stepper S (1988) Inhibiting and facilitating conditions of the human smile: a nonobtrusive test of the facial feedback hypothesis. J Pers Soc Psychol 54:768–777

Von Förster H (2008) Kybernethik. Merve, Berlin

Von Förster H, Pörksen B (2011) Wahrheit ist die Erfindung eines Lügners, 9. Aufl. Carl-Auer-Systeme Verlag, Heidelberg

Von Weizsäcker CF (1971) Die Einheit der Natur. dtv, München

Watzlawick P, Bavelas JB, Jackson DD (1969) Menschliche Kommunikation : Formen, Störungen, Paradoxien. Huber, Bern

Whorf BL (1940) Science and linguistics. In: Whorf BL, Carroll JB (Hrsg) (1956) Language, thought, and reality: selected writings of Benjamin Lee Whorf. MIT Press, Cambridge (Wiley, New York), S 207–219

Winslow D (2010a) Frankie machine. Suhrkamp, Frankfurt a. M.

Winslow D (2010b) Tage der Toten. Suhrkamp, Frankfurt a. M.

Winslow D (2012) Die Sprache des Feuers. Suhrkamp, Frankfurt a. M.

Zajonc RB (1968) Attitudinal effects of mere exposure. J Personal Soc Psychol Monogr Suppl 9:1–27

Zajonc RB, Adelmann PK, Murphy ST, Niedenthal PM (1987) Convergence in the physical appearance of spouses. Motiv Emot 11:335–346

Zimbardo P (2005) Das Stanford Gefängnis Experiment. Eine Simulationsstudie über die Sozialpsychologie der Haft, 3. Aufl. Santiago, Goch

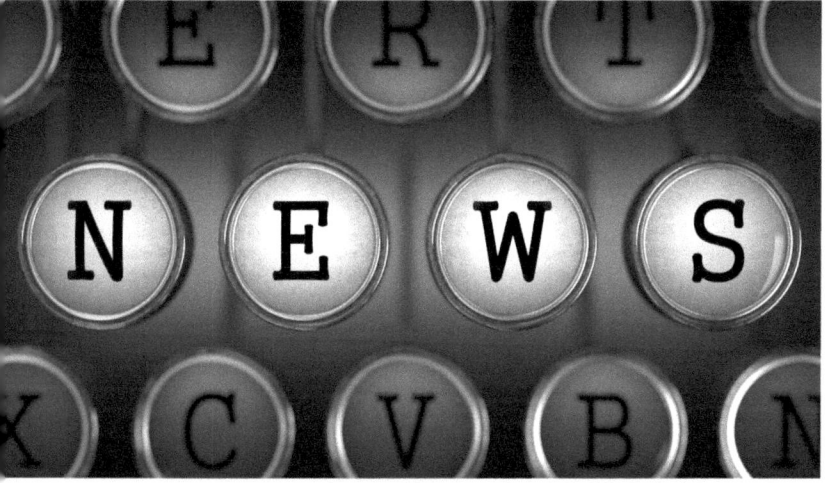

Willkommen zu den Springer Alerts

Jetzt anmelden!

- Unser Neuerscheinungs-Service für Sie:
  aktuell *** kostenlos *** passgenau *** flexibel

Springer veröffentlicht mehr als 5.500 wissenschaftliche Bücher jährlich in gedruckter Form. Mehr als 2.200 englischsprachige Zeitschriften und mehr als 120.000 eBooks und Referenzwerke sind auf unserer Online Plattform SpringerLink verfügbar. Seit seiner Gründung 1842 arbeitet Springer weltweit mit den hervorragendsten und anerkanntesten Wissenschaftlern zusammen, eine Partnerschaft, die auf Offenheit und gegenseitigem Vertrauen beruht.

Die SpringerAlerts sind der beste Weg, um über Neuentwicklungen im eigenen Fachgebiet auf dem Laufenden zu sein. Sie sind der/die Erste, der/die über neu erschienene Bücher informiert ist oder das Inhaltsverzeichnis des neuesten Zeitschriftenheftes erhält. Unser Service ist kostenlos, schnell und vor allem flexibel. Passen Sie die SpringerAlerts genau an Ihre Interessen und Ihren Bedarf an, um nur diejenigen Information zu erhalten, die Sie wirklich benötigen.

Mehr Infos unter: springer.com/alert

MIX
Papier aus verantwortungsvollen Quellen
Paper from responsible sources
FSC® C105338

If you have any concerns about our products,
you can contact us on
ProductSafety@springernature.com

In case Publisher is established outside the EU,
the EU authorized representative is:
**Springer Nature Customer Service Center GmbH
Europaplatz 3, 69115 Heidelberg, Germany**

Printed by Libri Plureos GmbH
in Hamburg, Germany